Sigmund Froju
ĐAVOLJA NEUROZA

REČ I MISAO
KNJIGA 454

Izabrao i preveo
JOVICA AĆIN

SIGMUND FROJD

ĐAVOLJA NEUROZA

Izabrani ogledi

IZDAVAČKO PREDUZEĆE „RAD"
BEOGRAD

PSIHOPATSKI LIKOVI NA POZORNICI

[Psychopathische Personen auf der Bühne[1]]

Ako se, kao što važi počev od Aristotela, prihvati da je svrha pozorišnog uprizoravanja pobuđivanje „straha i sažaljenja", postizanje „pročišćenja afekata", onda je mogućno istu nameru nešto određenije opisati time što će se reći da se radi o omogućavanju da iz našeg afektivnog života poteknu zadovoljstvo i naslada — [upravo] kao što u slučaju komičkog, vica itd. izviru iz rada naše inteligencije, kojom su [inače] mnogi takvi izvori zaptiveni.[2] Sigurno je, pri tome, da u prvi plan treba staviti *slobodni opticaj* sopstvenih afekata, a naslada koja iz toga proishodi odgovara, s jedne strane, olakšanju izazvanom obilnim rasterećenjem i, s druge, seksualnom nadražaju koji se, može se smatrati, izdvaja kao dopunska nagrada pri svakom buđenju afekata i donosi čoveku ono toliko željeno[3] osećanje prenapregnutosti[4] njegovog psihičkog nivoa. Učešće u pozorišnom uprizoravanju[5] pruža odraslom gledaocu isto ono što igra daje detetu, čije ustreptalo iščekivanje biva zadovoljeno na podjednaki način kao u slučaju odraslog. Gledalac doživljava suviše malo, oseća se kao „Misero kome se ništa veliko ne događa", dugo je već morao da guši ili, bolje, pomera svoju ambiciju da mu Ja stoji u središtu svetske mašinerije, hoće da oseti, dela, oblikuje sve onako kako bi on želeo, da nakratko bude junak, a dramski pesnici mu to omogućavaju time što mu daju priliku da se *poistoveti* s nekim junakom. Oni mu, istovremeno, pri tome nešto prišteđuju, jer gledalac dobro zna da takvo promaknuće njegove ličnosti u junaka nije mogućno bez bola, patnji i teških strahovanja koja bi ga gotovo lišila naslade; on takođe zna da on ima samo *jedan*

5

život i da možda rizikuje u takvoj borbi s preprekama. Otuda njegova naslada pretpostavlja iluziju, to jest ublažavanje boli pomoću sigurnosti, najpre da je to neko drugi koji tamo na pozornici dela i pati i, zatim, da je to ipak samo igra od koje mu ne može pretiti nikakva opasnost po njegovu ličnu sigurnost. U takvim okolnostima, on može da uživa u sebi kao nekom „Velikom", da se bez bojazni predaje potisnutim porivima, kao što su potreba za slobodom u religioznom, političkom, društvenom i seksualnom pogledu, i slobodno kreće u svim smerovima, u pojedinim velikim prizorima predstavljenog života.

No, to su uslovi uživanja koji su zajednički i ostalim oblicima književnosti. Lirika služi, pre svega, slobodnom opticaju intenzivnih mnogostrukih osećaja, kao što nam je to u svoje vreme pružao ples; epika uglavnom treba da omogući uživanje u pobedama velike junačke ličnosti, a drama, pak, mora da siđe još dublje u afektivne mogućnosti, da iščekivanje nesreće pretoči u nasladu, čime se objašnjava da je u osnovi prikazivanje junaka u borbi mazohističko zadovoljavanje. Drama bi se mogla okarakterisati upravo tom vezom s patnjom i nesrećom, bilo da ona, kao u dramskom žanru uopšte, budi jedino brigu i potom je uvećava, bilo da, kao u tragediji, ispunjava patnju.[6] Nastanak drame iz žrtvenih obreda (jarac i žrtveni jarac) vezanih za kult bogova ne može biti bez veze sa spomenutim smislom drame[7]: ona u neku ruku pojačava početak pobune protiv božanskog poretka sveta koji je ustanovio patnju. Junaci su, prvenstveno, ustanici protiv boga ili božanskog, a iz osećanja jada koje prožima slabića što se digao protiv božjeg nasilja treba mazohističkim zadovoljavanjem izvući zadovoljstvo, kao i preko neposrednog uživanja u ličnosti čija je veličina ipak istaknuta. Reč je o prometejskom ustrojstvu čoveka, sa čim je, međutim, izmešana jedva primetna gotovost da se dozvoli da ona povremeno ojača zahvaljujući nekom trenutačnom zadovoljavanju.

Tema drame su, dakle, sve vrste patnji, počev od kojih drama obećava slušaocu stvaranje zadovoljstva. Otuda proističe, kao prvi uslov umetničkog oblika, da drama ne izaziva patnju kod slušaoca, da zna da, u datim okolnostima, mogućnim zadovoljavanjima nadoknadi pobuđeno sažaljenje. To su pravila o koja se noviji pesnici često ogrešuju.

Pa ipak, ova se patnja ubrzo ograničava na *duševnu* patnju, jer niko neće *telesno* da pati ako zna da tako izmenjeno telesno osećanje veoma brzo okončava svako duševno uživanje. Onaj ko je bolestan ima samo jednu želju: da ozdravi, da izmakne iz stanja u kojem se nalazi, da lekar treba da dođe, lek mora da raskine sputanost fantazijske igre pomoću koje smo navikli da sami sebi stvaramo uživanje od svojih patnji. Kad se gledalac prenese u telesnog bolesnika, u njemu ne otkriva ništa od svog uživanja i svoje psihičke sposobnosti za delanje. I stoga je telesni bolesnik na pozornici moguć samo u sporednoj ulozi, a ne kao junak, ukoliko – međutim – nije reč o izvesnim psihičkim stranama bolesti, kao što je, na primer, slučaj napuštenosti bolesnika u *Filoktetu* ili njegovo beznađe u komadima sa sušicom.

Ali, bitno je da čovek poznaje duševne patnje u njihovoj povezanosti sa okolnostima u kojima se one odigravaju. Otuda je drami neophodna ona radnja iz koje potiču takve patnje, i ona započinje uvodeći nas u tu radnju. Izuzetak je jedino prividan kada se u izvesnim komadima, kao što su *Ajant, Filoktet,* predočavaju već završene duševne patnje, jer prethodno poznavanje građe čini da se u grčkoj drami zavesa diže takoreći usred komada. No, lako je napraviti sada iscrpan pregled uslova koje radnja mora da ispuni: mora da bude konfliktna radnja, mora da odražava napregnutost volje i otpora. Prvo i najveličanstvenije ispunjenje toga uslova odigravalo se u borbi protiv božanskog. Rečeno je već bilo da je ta tragedija pobunjenička, pri čemu pesnik i slušaoci staju na stranu pobunjenika. Što se manje, zatim, ima poverenja u božansko, utoliko se većma zadobiva *ljudski* poredak, kojem rastuće uviđanje pripisuje odgovornost za patnje. Tako da iduću borbu, koja se nastavlja na spomenutu, junak vodi protiv ljudske, društvene zajednice – a to je već *građanska tragedija*. Drugi tip ispunjenja uslova jeste između samih ljudi, *tragedija karaktera,* koja u sebi obuhvata sve podražaje agona i svoj dobitak crpi iz igre likova oslobođenih ograničenja ljudskih institucija, ali mora zapravo da ima više od jednog junaka. Prirodno, kombinovanja oba navedena slučaja – borba junaka protiv institucija oličenih u snažnim karakterima – bez daljeg je prihvatljiva. Čistoj tragediji karaktera nedostaje izvor uživanja što ga izaziva pobuna, koja iznova izbija u socijalnom komadu, na primer kod Ibzena, s onakvom snagom kakvu nalazimo u kraljevskim dramama grčkih klasika.

Ako se *religiozna drama,* drama *karaktera* i *socijalna* drama razlikuju bitno po poprištu na kojem se odigrava radnja iz koje vodi poreklo patnja, sada pratimo dramu na prostranijem poprištu na kojem se ona u potpunosti pretvara u *psihološku* dramu. U duševnom životu samog junaka zapodeva se bitka između različitih poriva koja stvara patnju, bitka koja ne mora da se okonča s propašću junaka, već s rastakanjem poriva, dakle sa opuštanjem. Razume se, svako je spajanje tog uslova s ranijim, pa dakle i sa onim socijalne drame i drame karaktera, moguće ukoliko institucija izaziva upravo taj unutrašnji konflikt. Tu se otvara prostor za ljubavne tragedije, u meri u kojoj potiskivanje ljubavi od strane socijalne kulture, društvenih ustanova ili borbe između „ljubavi i dužnosti", poznate zahvaljujući operi, obrazuje ishodište gotovo ubeskraj varirajućih konfliktnih situacija. Beskrajnih kao što su i čovekove sanjarije, budni snovi.

Niz mogućnosti se, međutim, povećava, a psihološka drama pretvara u psihopatološku, kada konflikt nije više konflikt dvaju približno istosvesnih poriva, već konflikt između nekog svesnog i nekog potisnutog izvora patnje, i iz kojeg bi trebalo da, učestvujući u njemu, crpimo zadovoljstvo. Ovde je uslov uživanja da je gledalac takođe neurotičar. Jer, jedino bi neurotičar mogao, umesto pukog gnušanja, da nađe zadovoljstvo u ispoljavanju i donekle svesnom prepoznavanju potisnutog poriva. Kod neneurotičara, pak, to može samo da izazove gnušanje i gotovost na ponavljanje čina potiskivanja, budući da je kod njega potiskivanje uspelo i, što se tiče potisnutog poriva, ravnoteža se u potpunosti održava utroškom potiskivanja koje je izvedeno jednom zauvek. Kod neurotičara je potiskivnje neuspešno, labilno i neprestano zahteva novi utrošak koji mu se prišteđuje prepoznavanjem. U njemu jedino postoji takva borba koja može biti predmet drame, ali u njemu će takođe pesnik proizvesti ne samo oslobađajuće *uživanje*, nego i *otpor*.

Prva od modernih drama te vrste jeste *Hamlet*.[8] U njemu se pretresa tema kako do tada normalan čovek, naročitom prirodom postavljenog mu zadatka, postaje neurotičar u kojem dotle srećno potisnuti poriv iziskuje ponovno važenje. *Hamlet* je obeležen trima karakterima koji izgledaju važni za naše pitanje: 1. Junak nije psihopatičan nego takav biva tokom radnje koja nas obuzima. 2. Potisnuti poriv spada među one koji se kod nas svih potiskuju na isti način, čije potiskivanje spada u same osnove našeg ličnog razvitka, dok situacija upravo potresa to potiskivanje. Ova nam dva uslova olakšavaju da se otkrijemo u junaku; mi smo sposobni za iste konflikte kao i on, jer „ko u izvesnim okolnostima ne gubi svoju pamet, to je onaj koji nema nikakvu da izgubi".[9] 3. Ali, izgleda da je uslov umetničkog oblika onaj koji traži da poriv što stremi svesti bude koliko prepoznatljiv sa izvesnošću toliko i teško označen jasnim imenima, tako da se proces u slušaocu odigrava opet s remećenom pažnjom i on je obuzet osećanjima umesto hladnim rasuđivanjem. Time je, sigurno, prišteđen deo otpora, kao što je to očito u analitičkom radu u kojem, usled smanjenog otpora, izdanci potisnutog dospevaju do svesti, što se, pak, samom potisnutom ne dopušta. Pa ipak, konflikt u *Hamletu* je toliko dobro skriven da sam morao da ga nagađam.[10]

Mogućno je da, usled neobraćanja pažnje na ta tri uslova, postoje mnoge druge psihopatske figure isto toliko nekorisne za pozornicu baš koliko su to i za život. Jer, bolesni neurotičar je za nas čovek u čijem konfliktu ne možemo ništa da uvidimo kad ga on gotovog nosi sa sobom. Naprotiv, kada poznajemo taj konflikt – zaboravljamo da je reč o bolesniku, kao što i on sam kada ga sazna prestaje to da bude. Zadatak pesnika bi bio da nas prenese u tu istu bolest, što se najbolje postiže kada mi zajedno s njim pratimo razvitak. To je naročito nužno tamo gde kod nas još ne postoji potiskivanje, dakle, tek mora da bude uspostavljeno, što predstavlja korak dalje od *Hamleta* u korišćenju neuroze na pozornici. Tamo gde se, pak, susrećemo s nama stranom i gotovom neurozom, u životu ćemo poslati po lekara, a figuru smatrati nesposobnom da iziđe na pozornicu.

Taj se nedostatak, izgleda, predočava u Barovom komadu *Drugi*,[11] sem onog drugog koji počiva u problemu da nam je nemoguće da se uverimo, saosećajući, u povlašćenost jednog od likova da u potpunosti zadovolji devojku. Njen slučaj ne može, dakle, da postane naš. A da i ne računamo treći nedostatak da ništa ne ostaje da se nagađa i da se u nama budi sav otpor prema uslovljavanju ljubavi koju nismo ni hteli. Uslov odvraćene pažnje izgleda da je najvažniji u nizu formalnih uslova čije smo važenje ovde istakli.

Kao opšti zaključak, mogli bismo reći otprilike da neurotska labilnost publike i umetnost s kojom pesnik izbegava otpore i pruža prethodeće zadovoljstvo jedine mogu da odrede granice korišćenja abnormalnih karaktera.[12]

---

[1] Od preko dvesta Frojdovih tekstova za koje se zna, veoma mali broj je bio namenjen objavljivanju. Bila bi zaista neophodna posebna studija o uslovima Frojdovog oklevanja i razlozima koji su ga sprečavali da publikuje svoje radove. To je išlo dotle da je Frojd na neke od svojih gotovih zapisa potpuno zaboravljao. Mogli bismo reći da je tekst *Psihopatski likovi na pozornici* jedan od takvih zaboravljenih tekstova, na šta i Frojdov životopisac Ernest Džons aludira kada kaže da se dela genija šire i gube poput kapljica vode koja izbija iz fontane.

Tekst koji je ovde preveden, sudeći po rukopisu – napisan u jednom dahu, bez precrtavanja, poklonio je Frojd izvesnom Maksu Grafu, istoričaru i teoretičaru muzike, a ovaj ga prvi put objavljuje, u engleskom prevodu H. A. Bunkera, tek 1942. godine, dakle, posle Frojdove smrti. Po Grafu, on je tekst dobio od Frojda 1904. godine, ali ne obaveštava o motivima poklanjanja. Međutim, 1904. godina kao datum redakcije teksta jeste očigledna zabluda. Frojd u tekstu spominje komad Hermana Bara, *Drugi,* koji je premijerno izveden tek početkom 1905. godine, a objavljen je 1906. godine. Frojd je, po svemu sudeći, tekst napisao krajem 1905. ili početkom 1906. godine. To je doba pisanja *Vica u njegovim odnosima s nesvesnim* i redakcije psihoanalitičke interpretacije Jensenovog romana *Gradiva.*

² Ovde se može zapaziti da izneseno poređenje najverovatnije potiče iz Frojdovog rada o *Vicu* koji je redigovan negde u to vreme. Budući da u tom radu, čak ni u poglavlju posvećenom komičkom, uopšte ne postoje referencije na komičko pozorište, da se zaključiti da Frojd termin pozorište, teatar, *Schauspiel,* gotovo isključivo vezuje za tadašnju tragediju. – *Prim. prev.*

³ Uobičajena je tradicija u svetu da se Frojdovo *Wunsch* prevodi kao *želja,* iako se time ne iscrpljuju sva značenja iste reči u Frojdovim tekstovima. – *Prim. prev.*

⁴ Francuski autori Filip Laku-Labart i Žan-Lik Nansi ovako komentarišu upravo ovo mesto: „Povećavanje napetosti – povezano s terorijom o *početnom, preliminarnom zadovoljstvu* [Vorlust], o kojem se govori na završetku teksta – motiv je koji otkrivamo i u radovima pisanim u to vreme (1905) *Tri eseja o seksualnosti* (III, 1) i o *Vicu* (B, 3 i 4). U oba teksta je reč o uvećavanju nadražaja ili akumulirane energije neophodne za zadovoljstvo rasterećivanja ili ‚konačno zadovoljstvo'. U *Vicu* se, međutim, ovaj motiv kombinuje s motivom – koji u prvi mah izgleda ekvivalentan – prvenstva estetskog zavođenja, koji se zatim, 1907. godine, pojavljuje i u tekstu o književnom stvaralaštvu i sanjarenju. Nesumnjivo duboko povezan s motivom mazohizma, ovaj postavlja trostruki problem: 1. problem svog nastanka u posredujućem režimu – režimu Vica – između estetike i teorije psihizma; 2. u teoriji seksualnog zadovoljstva, problem specifičnog zadovoljstva – koje ima sopstveni ‚mehanizam' – povezan sa okašnjavanjem rasterećivanja; 3. problem jednog prividnog obrta ove situacije u ‚prvenstvo estetskog zavođenja', pripremno zadovoljstvo koje *izbegava* nepodnošljive napetosti. – To je složena konfiguracija kojoj, kao što se vidi, ovaj Frojdov tekst traži da bude dodata još jedna ‚prenapregnutost' sagledana sama za sebe.

⁵ Frojd stavlja jednu crticu: *Schau-Spiel,* pa bi to doslovno prevedeno značilo *igra gledanja.* – *Prim. prev.*

11

⁶ Ovde *Schauspiel* valja, sa opozicijom prema *tragediji, Tragödie*, shvatiti kao neku vrstu drame, *Drama*, koja označava sve vrste nekomičkih pozorišnih izvedbi. – *Prim. prev.*

⁷ Priređivači nemačkog izdanja ukazuju da je temu junaka u grčkoj tragediji raspravljao Frojd u *Totemu i tabuu* (IV, §7), studiji koju je napisao 1912–1913. godine.

⁸ Prvo ispitivanje Hamleta nalazi se, kod Frojda, u *Tumačenju snova* (1900). O Frojdovom odnosu prema pitanju Hamleta zaslužuju da budu spomenuti radovi Ernesta Džonsa i Žana Starobinskog. – *Prim. prev.*

⁹ Nemački priređivači podsećaju da je to citat iz Lesingove *Emilije Galoti*, 4. čin, scena 7.

¹⁰ U svom tekstu Žan Starobinski upozorava da se ovom mestu može pridružiti i mesto iz Frojdovog teksta *O psihoterapiji*, pisanom takođe 1905. godine. Tamo se kaže da je „Hamlet, kao paradigma neuroze, uz to i onaj koji uzorno krije svoju tajnu". Dakle, s melanholičkim crtama.

¹¹ Herman Bar (Bahr) je bio austrijski romansijer i dramski pisac (1863–1934), i bio je, kao istaknuti član tadanje bečke književne avangarde, pozivan na glasovite Frojdove večeri. U njegovoj drami, *Drugi*, na koju se Frojd poziva, reč je o dvostrukoj ličnosti junakinje koja, uprkos svim naporima, ne uspeva da se oslobodi svoje potčinjenosti, koja počiva na fizičkoj privlačnosti, prema izvesnom muškarcu koji je zato drži u svojoj vlasti.

¹² Ovde je neophodno upozoriti da nemačka reč *Charakter* može imati dvostruko značenje. Ono, savremeno, na koje smo navikli kad govorimo o nečijem „karakteru", ali i ono koje se koristilo u XVIII veku: pozorišni lik. Frojd kao da u svom tekstu koristi oba. – *Prim. prev.*

PESNIK I FANTAZIRANJE
[Der Dichter und das Phantasieren[1]]

Mi, laici, uvek smo jako zagolicani da saznamo odakle ta čudnovata ličnost, pesnik, uzima svoju građu – otprilike u smislu pitanja što ga je onaj kardinal uputio Ariostu[2] – i kako on uspeva da nas, zahvaljujući njoj, toliko dirne, u nama izazove uzbuđenja za koja možda ni mi sami nismo smatrali da smo kadri. Naše se interesovanje za to samo pojačava u okolnostima kada samog pesnika propitujemo, a on nam ne daje nikakav ili nijedan zadovoljavajući odgovor. To se interesovanje ne rastače ni kada znamo da nam ni najbolji uvid u uslove poetskog izbora građe i u suštinu pesničke umetnosti oblikovanja ne bi mogao pomoći da i sâmi postanemo pesnici.

Kad bismo barem u nama, ili onima sličnim nama, mogli da otkrijemo delatnost u nečemu srodnu umetničkom stvaranju [Dichten]! Njeno ispitivanje dozvolilo bi da se nadamo dobijanju prvog objašnjenja pesnikovog stvaranja. I doista, za to postoje izgledi – sami pesnici bi čak voleli da se smanji rastojanje između njihove osobenosti i ljudskog bića uopšte; oni nas počesto uveravaju da se u svakom čoveku krije pesnik i da će poslednji pesnik umreti tek s poslednjim čovekom.

Zar ne bismo prve tragove poetske aktivnosti trebalo da potražimo već kod deteta? Dete se najradije i najintenzivnije bavi igrom. Možda je dopušteno reći: svako dete koje se igra – ponaša se poput pesnika, pri čemu ono stvara sopstveni svet ili, tačnije rečeno, razmešta stvari svoga sveta u novi, njemu dopadljivi poredak. Da li bi onda bilo netačno misliti da on ne uzima ozbiljno ovaj svet? Naprotiv, svoju igru on uzima veoma ozbiljno; u nju unosi velike količine afekata. Suprotnost igri nije ozbiljnost, nego – stvarnost. Uprkos čitavom afektivnom ulaganju, dete veoma dobro razlikuje svoj svet igre od stvarnosti i rado prislanja svoje imaginarne predmete i situacije uz opipljive i vidljive stvari stvarnog sveta. Ništa drugo osim ovog prislanjanja ne razlikuje detetovo „igranje" od „fantaziranja".

Pesnik, pak, čini isto što i dete koje se igra; on stvara jedan fantazijski svet kojeg uzima veoma ozbiljno, tj. snabdeva ga velikim količinama afekata, pri čemu ga oštro deli od stvarnosti. I u jeziku [nemačkom] ukorenjena je ta srodnost dečje igre i poetskog stvaranja, time što se takve pesnikove tvorevine, kojima je potrebno oslanjanje na opipljive predmete i koje se mogu prikazivati, označavaju kao *Spiele* [igre]: *Lustspiel* [komedija], *Trauerspiel* [tragedija], a osoba koja ih prikazuje *Schauspieler* [glumac]. No, iz nestvarnosti pesničkog sveta proizlaze veoma važne posledice za umetničku tehniku, jer mnogo šta što kao realno ne bi moglo da izazove uživanje u tome, ipak uspeva u igri fantazije, i mnoga uzbuđenja, inače kažnjiva, mogu da postanu za slušaoca i gledaoca pesnikovog dela izvor zadovoljstva.

Zadržimo se za trenutak još, radi jednog drugog odnosa, na suprotnosti stvarnosti i igre! Kada je dete poraslo i prestalo da se igra, kada je ono, tokom decenija, psihički prisiljeno da s neophodnom ozbiljnošću prihvati stvarnosti života, tada se jednoga dana može zadesiti u psihičkoj dispoziciji koja ponovo ukida suprotnost između igre i stvarnosti. Odraslome može pasti na pamet s kojom se velikom ozbiljnošću on nekada upuštao u svoje dečje igre, i pritom poredi sad svoje navodno ozbiljne poslove sa onim dečjim igrama: stresa tada sa sebe odveć teški pritisak života i sebi izvojevava vrhunsko zadovoljstvo u *humoru*.[3]

Onaj koji odrasta prestaje, tako, da se igra, odriče se prividno zadovoljstva koje je crpeo iz igre. Ali, ko poznaje čovekov duševni život, zna da jedva ima ičeg drugog tako teškog kao što je odricanje od jednom upoznatog za-

dovoljstva. Zapravo mi nismo kadri da se ičeg odrekne-
mo, samo jedno zamenjujemo drugim; ono što izgleda
kao odricanje, u stvarnosti je neka zamenska ili surogat-
na tvorevina. Tako, onaj koji odrasta, prestajući da se
igra, odustaje samo od oslanjanja na realne predmete;
umesto da se *igra*, on sada *fantazira*. Gradi sebi dvorce ni
na nebu ni na zemlji, stvara ono što se naziva budni sno-
vi. Verujem da većina ljudi, u nekom dobu njihovog živo-
ta, stvaraju sebi fantazije. To je činjenica koja se već du-
go previđa i čiji značaj stoga nije dovoljno ocenjen.

Manje je lako zapaziti fantaziranje kod ljudi od igran-
ja kod dece. Dete se, doduše, igra takođe sâmo, ili s dru-
gom decom obrazuje zatvoreni psihički sistem u cilju
igre, ali ako se i ne igra pred odraslima, ono, ipak, ne kri-
je svoje igranje od njih. Odrasli se, pak, stidi svojih fanta-
zija i skriva ih pred drugima, štiti ih kao svoje najličnije
intimnosti: po pravilu, radije će priznati svoje greške ne-
go saopštiti svoje fantazije. Može se dogoditi da se on
otuda smatra jedinim koji pravi takve fantazije, a da i ne
sluti o opštoj raširenosti sasvim sličnih tvorevina kod dru-
gih. Ta različita ponašanja onoga koji se igra i onoga ko-
ji fantazira svoju pravu osnovu nalaze u motivima obe,
ipak međusobno nadovezujuće delatnosti.

Detetovo igranje vođeno je željama, zapravo onom
željom koja pomaže njegovom razvitku, željom da bude
veliki i odrastao. Ono se uvek igra „biti velik", u igrama
oponaša ono što mu je poznato o životu velikih. Pa nema
nikakvog razloga da tu želju krije. Drukčije je kod odra-
slog; on s jedne strane zna da se od njega očekuje da se
više ne igra ili fantazira, nego da dela u stvarnom svetu, a
s druge strane – među željama koje proizvode njegove
fantazije poneke je, uglavnom, nužno kriti. Stoga se on
stidi svojih fantaziranja kao detinjastih i nedopustivih.

Zapitaćete otkuda se, ipak, o fantaziranju ljudi toliko
toga i tačno zna, ako se ono obvija s toliko tajanstvenosti.
No, postoji vrsta ljudi kojima je, doduše ne neki bog, već
jedna stroga boginja – nužnost – uputila nalog da kazuju
od čega pate i čemu se raduju. To su oni nervozni koji le-

karu, očekujući od njega oporavak psihičkim tretmanom, moraju da priznaju i svoje fantazije. Iz toga izvora potiče naše najpouzdanije znanje, i onda smo, s dobro zasnovanom slutnjom, dospeli do toga da nam naši bolesnici ne saopštavaju ništa drugo nego ono što bismo mogli da saznamo i od zdravih.

Pokušajmo da upoznamo neke od odlika fantaziranja. Može se reći da srećan čovek nikada ne fantazira, jedino nezadovoljnik. Nezadovoljene želje su pogonska snaga fantazija, a svaka pojedinačna fantazija je ispunjenje neke želje, korektura nezadovoljavajuće stvarnosti. Podstičuće želje su različite po polu, karakteru i životnim situacijama osobe koja fantazira. One bi se, bez nategnutosti, mogle grupisati po dve glavne usmerenosti. To su ili častohlepne želje koje služe uzvišavanju ličnosti, ili erotske. Kod mlade žene gotovo isključivo preovlađuju erotske želje, jer su ljubavna stremljenja, po pravilu, progutala njeno častoljublje. Kod mladića su, pored erotskih, jako izražene egoistične i častohlepne želje. Ipak, ne bismo da ističemo suprotstavljenost ove dve usmerenosti, nego pre njihovu čestu objedinjenost. Kao što je u mnogim oltarskim živopisima u nekom uglu vidljiv portret donatora, tako i u većini častohlepnih fantazija u nekom kutku možemo da otkrijemo gospu, zbog koje je fantast izvršio sva ta junačka dela i podno nogu joj položio sav svoj uspeh. Vidite, ovde leže dosta jaki motivi za prikrivanje; dobro vaspitanoj ženi odobrava se uglavnom samo minimum erotskih potreba, mladić treba da nauči da prekomerje egoizma što ga nosi sa sobom iz razmaženosti u detinjstvu, potiskuje u cilju prilagođavanja na društvo krcato zahtevnim pojedincima sličnim njemu.

Proizvode te fantazijske delatnosti, pojedine fantazije, kule u vazduhu ili budne snove, ne smemo sebi da predstavimo kao nešto nepomično i nepromenljivo. Oni se oblikuju pre po nestalnim životnim utiscima, menjaju se sa svakim podrhtavanjem životnog položaja, od svakog novog jačeg utiska primaju takozvani „vremenski beleg". Odnos fantazije prema vremenu je uglavnom veoma značajan. Možemo reći: fantazija lebdi podjednako između tri vremena, tri trenutka naše moći predstavljanja. Psihički rad vezuje se za neki aktualni utisak, povod mu je u savremenosti, u stanju je da probudi neku od velikih želja ličnosti, odatle seže natrag prema uspomeni na neki raniji, većinom infantilni doživljaj u kojem je ta želja bila ispunjena, a onda stvara neku za budućnost vezanu situaciju koja se predstavlja kao ispunjenje te želje, otuda budni san ili fantazija koja, tako, nosi u sebi tragove svog porekla iz datog povoda i uspomene. Tako se prošlo, savremeno i buduće nadovezuju jedno na drugo kao po niti svudaprotičuće želje.

Najbanalniji primer objasniće vam moju postavku. Zamislite slučaj nekog siromašnog mladića koji je siroče, i kojem ste dali adresu nekog poslodavca kod koga on može da nađe nameštenje. Putem će se on možda predati sanjarenju koje je saglasno njegovoj situaciji i njome je izazvano. Sadržaj te fantazije biće otprilike da su ga tamo primili, da se dopao svom novom šefu, da se više ne može bez njega u preduzeću, da je prihvaćen u gazdinoj porodici, da se oženio dražesnom najmlađom ćerkom u kući, a onda sebe vidi kao suvlasnika i kasnije kao naslednika preduzeća. I pritom sanjač vaspostavlja ono što je imao u srećnom detinjstvu: zaštitnički dom, voljene roditelje i prve predmete svoje nežne naklonosti. U takvom primeru vidite kako se želja koristi povodom iz savremenosti da bi, po uzoru prošlosti, ocrtala sliku budućnosti.

Mnogo toga bi još imalo da se kaže o fantazijama, ali ja ću se ograničiti na najneophodnije nagoveštaje. Prebujnost i preovladavanje fantazija stvara uslove za pad u neurozu ili psihozu. Fantazije su takođe prvi psihički predstupnjevi simptoma patnje na koje se naš bolesnik tuži. Odavde se pruža široki put koji vodi prema patologiji.

Ali, ne mogu da pređem preko odnosa fantazija prema snovima. I naši noćni snovi nisu ništa drukčiji od takvih fantazija, kao što smo i pokazali pomoću tumačenja snova.[4] Jezik je, u svojoj nenadmašnoj mudrosti, odavno rešio pitanje o suštini snova time što je vazdušaste tvorevi-

17

ne onih koji se prepuštaju fantaziranju nazvao *budni snovi*. Ako nam, uprkos tom putokazu, smisao naših snova najčešće ostaje nejasan, to je otuda što se u nama noću bude i takve želje kojih se stidimo i koje i pred sobom moramo da skrivamo, te su baš zato potisnute, odgurnute u nesvesno. Takve potisnute želje i njihovi izdanci ne mogu se otuda nikako drukčije izraziti nego kao veoma izobličene. Kada je naučnim putem uspelo da se objasni *izobličavanje sna*, više nije bilo teško saznati da su noćni snovi isto tako ispunjenje želja kao što su to i dnevni, one svima nam dobro poznate fantazije.

Toliko o fantazijama, i pređimo sada na pesnika! Smemo li doista pokušati da pesnika uporedimo sa „snevačem usred dana", njegove tvorevine s budnim snovima? Tu iskrsava odmah prvo razlikovanje; moramo različito da gledamo na pesnike koji preuzimaju gotovu građu, kao što su stari epičari i tragičari, nego na one koji svoju građu slobodno stvaraju. Zadržimo se na drugima i za naše poređenje ne tražimo upravo one pesnike koje je kritika visoko ocenila, nego nepretenciozne pripovedače romana, novela i pripovesti, koji zato nalaze najbrojnije i najstrasnije čitaoce i čitateljke. U tvorevinama ovih pripovedača mora nam u oči pasti pre svega jedna crta: sve one imaju nekog junaka koji je u središtu interesovanja, za kojeg pesnik svim sredstvima pokušava da zadobije našu simpatiju i koga kao da naročito proviđenje štiti. Ako sam na kraju jednog poglavlja u romanu junaka ostavio bez svesti, dok mu iz teških rana lipti krv, onda sam siguran da ću ga na početku sledećeg zateći okruženog brižnom negom i na putu oporavka, a ako je prva sveska okončana brodolomom usred morske oluje, u kojoj se našao naš junak, onda sam siguran da ću na početku sledeće sveske čitati o njegovom čudesnom spasavanju, bez kojeg, uostalom, roman ne bi mogao ni da se nastavi. Osećaj sigurnosti s kojim pratim junaka tokom njegove opasne sudbine jeste isti onaj s kojim se neki stvarni junak baca u vodu da bi spasao davljenika ili se izlaže neprijateljskoj vatri da bi na juriš zauzeo neku utvrdu. To je upravo onaj junački osećaj

18

kome je jedan od naših najboljih pesnika poklonio dragoceni izraz: „Ništa ti se ne može desiti" (Ancengruber)[5]. Smatram da se u ovom obeležju nepovredivosti, koje se ovako izdaje, bez muke prepoznaje – Njegovo Veličanstvo Ja, junak svih budnih snova, kao i romana.[6]

Na istu srodnost ukazuju i druge tipične crte tih egocentričnih priča. Ako se sve žene u romanu neprestano zaljubljuju u junaka, onda se to jedva može pojmiti kao slika stvarnosti, ali se lako da razumeti kao nužni sastojak budnog sna. Takođe, ako se ostali likovi u romanu oštro dele na dobre i zle, odriče se one šarolikosti ljudskog karaktera koja se zapaža u realnosti: „dobri" su upravo pomagači, a „zli" – neprijatelji i konkurenti Ja koje se pretvorilo u junaka.

Nećemo pogrešiti ako smatramo da su mnoga pesnička ostvarenja veoma daleko od uzora što ga nudi naivni budni san, ali ja, ipak ne mogu da potisnem slutnju da bi i najekstremnija odstupanja mogla da se preko neisprekidanog niza prelazâ dovedu u vezu s tim modelom. I u mnogim takozvanim psihološkim romanima mi je padalao u oči da je samo jedan lik, uvek glavni junak, iznutra opisan. U njegovoj duši sedi takoreći pesnik i druge likove posmatra spolja. Psihološki roman, ukratko, zahvaljuje svoju posebnost sklonosti modernog pesnika da svoje Ja samoposmatranjem cepa na parcijalna Ja i, prema tome, konfliktne tokove svoga duševnog života personifikuje u više junaka. Izgleda da u sasvim posebnoj suprotnosti prema tipu budnog sna stoje romani koji bi se mogli označiti kao „ekscentrični" i u kojima lice uvedeno kao junak igra po aktivnosti najneznatniju ulogu, radije kao posmatrač gleda dela i patnje drugih što kraj njega prolaze. Od te vrste su mnogi kasniji Zolini romani. Ipak moram da primetim da nam je psihološka analiza nestvaralačkih pojedinaca, koji u mnogim tačkama odstupaju od takozvane norme, ponudila analogne varijacije budnih snova u kojima se Ja zadovoljava ulogom posmatrača.

Da bi imalo neku vrednost, naše izjednačavanje pesnika s budnim snevačem, pesnikovog stvaranja s budnim snom, ono se prvenstveno, na bilo koji način, mora pokazati plodno. Pokušajmo, dakle, da naš izloženi stav o odnosu fantazije prema tri vremena i svudaprotičuće želje na dela pesnikâ i uz njegovu pomoć proučimo odnose između pesnikovog života i njegovih tvorevina. Uopšte se nije znalo s kojim hipotezama prići tom problemu. Taj je odnos često predstavljan odveć pojednostavljeno. Polazeći od uvida koji smo stekli o fantazijama, morali bismo da očekujemo sledeće stanje stvari: snažan aktualni doživljaj budi u pesniku uspomenu na neki raniji doživljaj, većinom u detinjstvu, i iz toga doživljaja sad izvire želja koja svoje ispunjenje nalazi u pesničkom delu. U samom pesničkom delu mogu se isto tako prepoznati elementi nedavnog povoda, kao i stare uspomene.

Ne strahujte od komplikovanosti ove formule; slutim da će nam se ona u zbilji pokazati kao suviše siromašna shema. No, u njoj bi, ipak, mogla biti prva približnost realnom stanju stvari, a posle nekoliko pokušaja koje sam preduzeo, bio sam sklon da poverujem da takav način posmatranja poetskih kreacija ne može da ispadne jalov. Ne zaboravite da se možda neobično isticanje uspomene iz detinjstva u pesnikovom životu rukovodi, u poslednjoj liniji, pretpostavkom da je pesništvo, kao i budni san, produžetak i zamena nekadašnjeg dečjeg igranja.

Ne zaboravimo da se vratimo onoj vrsti pesničkih dela u kojima ne moramo da gledamo slobodna ostvarenja, nego obradu gotove i poznate građe. I tu pesnik zadržava deo samostalnosti koja se može ispoljiti u biranju građe i u često dalekosežna preobličavanja iste. No, ukoliko je građa data, ona potiče iz narodnog blaga u mitovima, predanjima i bajkama. Istraživanje tih narodno-psiholoških tvorevina još nikako nije zaključeno, ali barem što se tiče, na primer, mitova, sasvim je verovatno da oni odgovaraju izobličenim preostacima fantazija-želje čitavih nacija, *sekularnim snovima* mladog čovečanstva.

Kazaćete da sam vam daleko više pričao o fantazijama nego o pesniku, koji se ipak nalazi na prvom mestu u naslovu moga izlaganja. Znam to i pokušavam da se izvinim ukazujući na sadašnje stanje našeg saznanja. Mogao sam jedino da vas podstaknem i pozovem da iz izučavanja fantazija prenesete nešto na problem poetskog izbora građe. Još nismo uopšte ni dotakli taj drugi problem: pomoću kojih sredstava pesnik u nama pobuđuje afekte koje proizvodi svojim ostvarenjima. Hteo bih barem da vam pokažem, koji put vodi od našeg pretresanja fantazija prema problemima poetskog efekta.

Setite se, rekli smo da budni snevač brižljivo skriva od drugih svoje fantazije, jer naslućuje da ima razloga da ih se stidi. Tome sad pridodajem da on, čak i kad bi nam ih saopštio, ne bi nam tim otkrivanjem priredio nikakvo zadovoljstvo. Ako ih i upoznamo, takve nas fantazije odbijaju ili ostajemo apsolutno hladni prema njima. No, kada pesnik igra pred nama svoje igre ili nam priča ono što smo skloni da protumačimo kao njegove lične budne snove, tada osećamo izuzetno zadovoljstvo, koje se verovatno stiče iz mnogih izvora. Kako to pesnik postiže, njegova je najličnija tajna. Prava *ars poetica* počiva u tehnici prevazilaženja one odbojnosti koja je, posigurno, vezana za granice koje se dižu između svakog pojedinačnog Ja i drugih. Možemo da pogodimo dva sredstva ove tehnike: pesnik ublažava karakter egoističnih budnih snova preinakama i prikrivanjima i dira nas čisto formalnim, tj. estetskim zadovoljstvom koje nam on nudi predstavljanjem svojih fantazija. Takvo zadovoljstvo, čiji nam je dobitak ponuđen, da bi pomoću njega bilo omogućeno oslobađanje većeg zadovoljstva iz dublje zapretenijih psihičkih izvora, naziva se nagrada za zavođenje ili *prethodeće zadovoljstvo.*[7] Mišljenja sam da svako estetsko zadovoljstvo, koje u nama izaziva pesnik, ima karakter takvog prethodećeg zadovoljstva, a da pravo uživanje u pesničkom delu proishodi iz oslobađanja od napetosti u našoj duši. Možda čak tom uspehu nemalo doprinosi i to da nas pesnik dovodi u stanje da, štaviše, bez ikakvog prebacivanja i stida uživamo u sopstvenim fantazijama. Ovde se, pak, nalazimo na početku novih, zanimljivih i

21

zapletenih istraživanja, ali – ovoga puta bar – na koncu naših razmatranja.

¹ Potpunu i konačnu verziju ovoga teksta Frojd je prvi put objavio, početkom 1908. godine, u jednom novoosnovanom književnom časopisu u Berlinu (*Neue Revue*, sv. 1/10, mart 1908). Međutim, tekst počiva na transkriptu predavanja koje je Frojd održao prethodne, 1907. godine, 6. decembra, pred devedesetak slušalaca, u prostorijama bečkog izdavača i knjižara Huga Helera. Idućeg dana se u bečkom dnevnom listu *Die Zeit* pojavio rezime tog predavanja.

Do trenutka nastanka ovog teksta, Frojd se već kratko dotakao pitanja stvaranja književnog dela u svom radu o Jensenovoj pripovesti *Gradiva*. Godinu ili dve pre toga sličnu temu nalazimo i u neobjavljenom (u ovom izboru prevedenom) radu o psihopatskim likovima na pozornici. Premda je tema u mnogim vidovima pretresana u spomenutom radu o Jensenovoj *Gradivi*, ovaj tekst je, po meni, izuzetno zanimljiv zbog jasnog i ubedljivog raspravljanja problematike fantaziranja (uobražavanja, stvaranja fantazmi).

Dichter, Dichtung jesu nemački termini koje Frojd koristi u izvornijim značenjima koja su vezana za pisca, umetničkog stvaraoca uopšte, odnosno književno i/ili umetničko stvaranje kao takvo. Tako da nazive „pesnik" i „pesništvo" u prevodu, koji je pred vama, možete sasvim slobodno shvatiti u spomenutim izvornijim i širim značenjima. – *Prim. prev.*

² Reč je o pesniku Lodoviku Ariostu, autoru glasovitog speva *Orlando Furioso*, posvećenog pesnikovom prijatelju kardinalu Ipolitu d'Este. Kada je kardinal dobio delo u ruke, jedino što je rekao povodom njega bilo je pitanje: „Ma, odakle, Lodoviko, uzimaše te silne priče?" – *Prim. prev.*

³ O ovom momentu se preciznije govori u Frojdovom radu *Vic i njegov odnos s nesvesnim*, prvi put objavljenom 1905. godine. – *Prim. prev.*

⁴ Uporedite autorovo *Tumačenje snova*, 1900.

⁵ To je omiljeni Frojdov citat; navodi ga i u svom tekstu o ratu i smrti, iz 1915. godine. Inače, u pitanju je bečki pisac i dramatičar Ludwig Anzengruber (1839–1889). Citat je iz jedne Ancengruberove komedije. – *Prim. prev.*

⁶ O tome se može videti i u zaključku II poglavlja Frojdovog *Priloga uvodu u narcisizam* (1914). – *Prim. prev.*

⁷ U spomenutoj Frojdovoj knjizi o vicu (prevedena kod nas, u izdanju Matice srpske), razvija se ta teorija o „prethodećem zadovoljstvu", a jedna napomena se nalazi i u *Psihopatskim likovima na pozornici* (vidi u ovoj knjizi). – *Prim. prev.*

O SUPROTNIM SMISLOVIMA PRAREČI

[Über den Gegensinn der Urworte[1]]

Kao uvod za ovo izlaganje ponoviću sada tvrdnju, iz svoga *Tumačenja snova,* iznetu kao neobjašnjeni zaključak analitičkog istraživanja:[2]

„Izuzetno je začuđujuće kako se san ophodi s kategorijom suprotnosti i protivrečnosti. On je naprosto prenebregava. Za san kao da ne postoji „ne". Naročito voli da suprotnosti objedinjuje ili ih prikazuje kao jedno. San dopušta sebi slobodu i da ma koji element prikazuje preko njegove suprotnosti u polju želje tako da se u prvi mah ne zna da li je neki element, suprototvoran, pozitivno ili negativno sadržan u misli sna."

Izgleda da su antički tumači snova naširoko koristili pretpostavku da neka stvar može u snu značiti svoju suprotnost. Ovu mogućnost, zavisno od prilika, prihvataju i moderni istraživači sna, ukoliko uopšte snu priznaju smisao i protumačivost.[3] Ni ja ne verujem da ću izazvati protivrečenje ako pretpostavim da svi oni koji su me sledili na putu naučnog tumačenja snova smatraju gore navedenu tvrdnju činjenički proverenom.

Tek zahvaljujući slučajnom čitanju jednoga rada jezikoslovca K. Abela, koja se 1884. godine pojavila kao samostalna brošura, a sledeće godine uvrštena u autorove *Rasprave iz nauke o jeziku,* počeo sam da razumevam naročitu tendenciju u radu sna da zanemaruje oporicanje i istim sredstvom predstavljanja izražava ono što je suprotno. Zanimanje za predmet opravdaće me ako ovde opširnije i doslovno navedem odlučujuća mesta iz Abelove

23

rasprave (mada izostavljajući većinu primera). Zapanjeno ćemo, naime, saznati da je spomenuta praksa u radu sna svojstvena i najstarijim nama poznatim jezicima.

Pošto je ocrtao stari oblik egipatskog jezika, koji mora da se razvio daleko pre prvih hijeroglifskih zapisa, Abel produžava (str. 4):

„U egipatskom jeziku se, dakle, toj jedinoj relikviji prvobitnog sveta, nalazi izvestan broj reči s dva značenja, pri čemu jedno kazuje nešto upravo suprotno drugome. Zamislimo, ako se takav naoko besmisao da zamisliti, da reč „jako" u našem jeziku znači kako „jako" tako i „slabo"; da se imenica „svetlost" koristi za označavanje kako „svetlosti" tako i „tame"; da neko pivo naziva „pivo", dok neko drugi koristi istu reč kada govori o vodi; zamislimo li to – dočarali smo sebi čudnovatu praksu kojom su se stari Egipćani obično služili u svom jeziku. Kome bismo uzeli za zlo ako bi na to nepoverljivo odmahivao glavom?..." (Primeri.)

(*Ibid*, str. 7): „Suočeni s tim i mnogim drugim slučajevima antitetičkog značenja (vidi dodatak), ne možemo podleći nikakvoj sumnji da je najmanje u *jednom* jeziku postojalo obilje reči koje su označavale istovremeno neku stvar i suprotnost te stvari. Koliko god nas to čudilo, pred nama je činjenica i s njom moramo da računamo."

Zatim autor odbacuje objašnjenje tog stanja stvari istoglasnošću i sa istom odlučnošću se brani od njegovog svođenja na navodno niski stepen egipatskog duhovnog razvitka:

(*Ibid*, str. 9): „No, Egipat je ponajmanje bio domovina besmisla. Bio je, naprotiv, jedno od najranijih mesta na kojima se razvijao ljudski um... U njemu je vladao čisti i izuzetno dostojanstveni moral i on je formulisao veliki deo deset zapovesti, i to u doba kada su narodi koji pripadaju današnjoj civilizaciji, krvožednim idolima još podnosili ljudske žrtve. Narod koji je u tim mračnim vremenima zapalio baklju pravednosti i kulture nije ipak mogao da bude toliko stupidan u svom svakodnevnom govoru i mišljenju... Oni koji su umeli da prave staklo i mašinama podižu i pokreću ogromne kamene blokove mora da su, u najmanju ruku, imali dovoljno pameti da neku stvar ne smatraju istovremenu za nju samu i za njenu suprotnost. Kako da to sada pomirimo s tim da su Egipćani sebi dopustili tako poseban kontradiktorni jezik?... da su međusobno najneprijateljskijim mislima dali jednu i istu glasovnu podlogu i da su u nerazlučivo jedinstvo povezali ono što se uzajamno najsnažnije protivstavlja?"

Pre svakog pokušaja objašnjenja, moramo promisliti još jedno pojačavanje tog neshvatljivog postupka u egipatskom jeziku.

„Od svih ekscentričnosti egipatske leksike najizvanrednija je možda da ona, osim reči koje u sebi objedinjuju suprotstavljena značenja, sadrži složene reči u kojima su u jedan kompozitum objedinjene dve rečice suprotnoga značenja, objedinjene u jedan kompozitum koji ima samo značenje jednog od njegova dva člana što ga konstituišu. U tom izvanrednom jeziku ne postoje, dakle, samo reči koje kazuju kako „jako" tako i „slabo", ili kako „zapovedati" tako i „potčinjavati se"; postoje i kompozitumi kao što su „starmlad", „dalekobliz", „vezatirazdvojiti", „spoljaunutra"..., koje – uprkos njihovom sklopu koji u sebe uključuje ono što je najrazličitije – znače samo, u prvom primeru, „mlad", u drugom samo „blisko", u trećem samo „povezati", u četvrtom samo „unutra"... U tim složenim rečima su, dakle, upravo namerno sjedinjene pojmovne protivrečnosti, ne da bi se stvorio treći pojam, kako se ponekad dešava u kineskom jeziku, nego jedino da bi se, tim kompozitumom, izrazilo značenje jednog od njegovih članova u protivrečnosti, ono što bi taj član značio i izdvojen...."

Zagonetku je, međutim, lakše rešiti nego što izgleda. Naši pojmovi nastaju poređenjem. „Ako bi uvek bilo svetlo, tada ne bismo morali da razlikujemo između svetlog i tamnog i, prema tome, ne bismo imali ni pojam ni reč svetlost..." „Očigledno je da je sve na ovoj planeti relativno i nezavisno egzistira samo ukoliko se u svojim odnosima približava drugim stvarima i razlikuje od njih...."

„Budući da je time svaki pojam dvojnik svoje suprotnosti, kako bi se najpre moglo pomisliti, kako bi on mogao da bude saopšten drugima, koji pokušavaju da ga misle, ako ne mereći ga po njegovoj suprotnosti?..." (*Ibid, str.* 15): „Pošto se pojam jakog ne bi mogao koncipirati, osim u suprotstavljanju sa slabim, onda reč koja kazuje „jako" sadrži, istovremeno, sećanje na „slabo", zahvaljujući čemu pojam tek počinje da postoji. U stvari, ta reč nije označavala ni „jako" ni „slabo", nego vezu između to dvoje i njihovu razliku iz koje je oboje ravnomerno nastalo..." No, čovek nije mogao da izbori svoje najstarije i najjednostavnije pojmove drukčije nego sučeljavanjem suprotnosti s njenom suprotnošću i tek je tako postepeno naučio da razdvaja obe strane antiteze i svaku misli a da je svesno ne meri prema drugoj."

Pošto jezik ne služi jedino za izražavanje sopstvenih misli, nego i, suštinski, za saopštavanje istih drugome, mogli bismo se pitati kako je „prvobitni Egipćanin" prenosio svom bližnjem „na koju stranu dvojnog pojma je on svaki put mislio"? U pisanju se to odigravalo pomoću takozvanih „determinativnih" slika koje su, stavljene iza pismenâ, davale smisao istima a da same nisu bile izgovarane. (*Ibid, str.* 18): „Kada egipatska reč *ken* treba da znači „jako", iza njenog alfabetski zapisanog glasa stoji slika uspravnog, naoružanog muškarca; kada ta ista reč valja da izražava „slabo", za slovima koja prikazuju glas sledi slika šćućurenog, mlitavog čoveka. I većina ostalih dvoznačnih reči popraćena je objašnjavalačkim slikama." Po Abelovom mišljenju, gest je u govoru služio da prida izgovorenoj reči željeni znak.

Po Abelu se pojava antitetičkog dvostukog smisla zapažala na „najstarijim korenima". Ta je dvoznačnost iščezavala, pak, tokom daljeg razvitka jezika, a bar u staro-egipatskom se mogu pratiti svi prelazi do jednoznačnosti u savremenom jezičkom blagu. „Izvorno dvosmislene reči dele se u kasnijim jezicima na dve jednosmislene, pri čemu svaki od oba suprotstavljena smisla okupira za sebe po jedno glasovno „propuštanje" (modifikaciju) istog korena." Tako se, na primer, već u samoj hijeroglifici *ken,* „jakoslabo", cepa na ken, „jako", i *kan,* „slabo". „Drugim rečima, pojmove, koji su mogli da budu nađeni jedino kao antitetički, tokom vremena je ljudski duh dovoljno uvežbao da svakom od oba njihova dela omogući samostalnu egzistenciju i, sledstveno tome, pribavi im njihov separatni glasovni prikaz."

Kontradiktorna praznačenja koja se lako demonstriraju u slučaju egipatskog, mogu se, po Abelu, iznaći kao raširena i u semitskim i indoevropskim jezicima. „Ostaje da se vidi koliko se to dešava u drugim jezičkim porodicama; jer, iako bi suprotstavljeni smislovi morali izvorno da budu prisutni u svakoj mislećoj ljudskoj rasi, nije nužno da su se oni svuda, u značenjima, održali i da se mogu prepoznati."

Abel ističe, dalje, da je filozor Bejn, čak i ne poznajući, izgleda, činjeničke slučajeve fenomena, na čisto teorijskoj osnovi postulirao taj dvostruki smisao reči kao logičku nužnost. Odgovarajuće mesto (*Logic,*[4] sv. I, 54) počinje stavovima:

The essential relativity of all knowledge, thought or consciousness cannot but show itself in language. If everything that we can know is viewed as a transition from something else, every experiences must have two sides; and either every name must have a double meaning, or else for every meaning there must be two names.[5]

Izdvajam nekoliko slučajeva iz „Dodatka primerima egipatskih, indogermanskih i arapskih suprotstavljenih smislova", koji takođe mogu učiniti utisak na nas koji nismo jezikoslovci: u latinskom *altus* znači visoko i duboko, *sacer* – sveto i prokleto, pri čemu, dakle, tu potpuno suprotstavljanje smisla postoji bez ikakve modifikacije glasovnog oblika. U pogledu razdvajanja suprotnosti, fonetski preobražaji ilustrovani su primerima kao što su *clamare* vikati – *clam* tiho, mirno; *siccus* suv – *succus* sok. U nemačkom, reč *Boden* još i danas znači ono što je najviše, kao i ono što je najniže u kući. Našem [na nemačkom] *bös* [rđavo] odgovara *bass* [dobro], starosaksonsko *bat*

27

[dobro] protivstavlja sa engleskom *bad* [rđavo], englesko to *lock* [zatvoriti] protivstavlja nemačkom *Lücke, Loch* [praznina, otvor]. Nemačko *kleben* [prijanjati]– engleskom *to cleave* [rascepati], u nemačkom *Stumm* [nem] – *Stimme* [glas], itd. Tako bi se moglo doći i do pravog smisla mnogoismevane izreke: *lucus a non lucendo*.[6]

U svojoj raspravi *Poreklo jezika* (1885, str. 305)[7], Abel upozorava i na druge tragove drevnih mislilačkih napora. I danas još Englez, da bi izrazio „bez", kaže *without*, dakle „sabez", kao što se upotrebljava u istočnoj Pruskoj [*mitohne*]. Samo *with*, koje danas odgovara našem [nemačkom] „sa" [*mit*], značilo je izvorno koliko „sa" toliko i „bez", kao što se može videti iz slučajeva *withdraw* (povući se) i *withhold* (zadržati se). Istu promenu prepoznajemo u nemačkom *wider* (protiv) i *wieder* (zajedno sa).

I još jedna je najizuzetnija osobenost staroegipatskog jezika od značaja za poređenje s radom sna. „U egipatskom reči se mogu – recimo najpre, naoko – *obrnuti kako glasovno tako i smisaono*. Pretpostavimo da je nemačka reč *gut* [dobro] egipatska, tada bi ona, osim dobro, značila i rđavo, osim *gut* glasila bi i *tug*. Za takve glasovne obrte, koji su odveć brojni da bi se dali objasniti slučajnošću, može se navesti i obilje primera iz arijskih i semitskih jezika. Ako se ograničimo najpre na germanske, zapaža se: *Topf – pot, boat – tub; wait – täuwen; hurry – Ruhe; care – reck; Balken – Klobe, club*. Promotrimo li i ostale indogermanske jezike, tada srazmerno njima raste i broj takvih slučajeva. Na primer: *capere – packen; ren – Niere, the leaf* (list) – *folium;* [ruski] *dum-a,* υυμός [gr. thumós] – sanskritski *mêdh, mûdha* [duša], *Mut; rauchen* – ruski *kur-it; kreischen – to shriek*, itd."

Abel pokušava podvostručavanjem, reduplikacijom korena, da objasni *glasovno obrtanje*. Pratiti u tome istraživača jezika ne bismo mogli bez teškoća. Setimo se kako se deca rado igraju obrtanjem njegove predstavljačke građe u različite svrhe. (Tu se više ne obrću slova, već slike u njihovom redosledu.) Skloniji smo, dakle, da glasovno obrtanje dovedemo u vezu s jednim momentom koji seže mnogo dublje.[8]

U saglasnosti između osobenosti rada sna, istaknutih na početku ovog teksta, i onih koje je istraživač jezika otkrio u praksi najstarijih jezika smeli bismo da vidimo potvrdu našeg shvatanja o regresivnom, arhaičkom karakteru načina na koji se misli izražavaju u snu. I otuda se nama, psihijatrima, nameće slutnja, koja nije za odbacivanje, da bismo jezik snova bolje razumeli i lakše ga prevodili kada bismo više znali o razvitku jezika.[9]

---

[1] Frojd je ovaj svoj kratki tekst napisao maltene kao „referat o istoimenoj brošuri Karla Abela, iz 1884. godine". Tekst datira iz 1910. godine i bez sumnje je izraz naročitog zanimanja koje je psihoanalitičar pokazivao za Abelove filološke nalaze na koje lingvisti nisu obraćali posebnu pažnju sve dok se Frojd nije pozvao na njih (a tada, kao što je to učinio Emil Benvenist, da bi bili osporeni). Frojd je, inače, više puta evocirao svoje poglede na *rad sna*, počev od Abelovih tvrđenja. Tako, svome *Tumačenju sna*, iz 1900. godine, pridodaje 1911. godine jednu belešku o tome, a opširnije govori i u dva pasaža, u 11. i 15. od svojih predavanja zamišljenih kao uvod u psihoanalizu, i objavljenih pod tim naslovom (1916–17).

[2] *Tumačenje snova*, poglavlje VI: „Rad sna" [negde pri kraju prve trećine odeljka C. – *Prim. prev.*]

[3] S.z.B.G.H.v. Schubert: *Die Symbolik des Traumes*, 4. izd. 1862, II poglavlje: „Jezik snova".

[4] Bejnova (Bain) *Logika* se pojavila 1870. godine, i po tom izdanju citira Abel. – *Prim. prev.*

[5] U prevodu: „Suštinska relativnost svakog znanja, svake misli ili svesti ne može a da se i sama ne pokaže u jeziku. Ako je bilo šta što se može znati sagledano kao prelaz s nečeg drugog svako iskustveno saznanje mora imati dve strane; tako, ili svaka imenica mora imati dvostruko značenje ili, pak, za svako značenje moraju postojati dve imenice." – *Prim. prev.*

[6] Priređivači studijskog izdanja Frojdovih dela na ovom mestu ukazuju na Kvintilijana, rimskog retoričara, koji u svom delu *De institutione oratoria* (1, 6) pita: „Smemo li se složiti sa tim da su neke reči nastale iz svojih suprotnosti, kao što je, na primer, „lucus", šuma, jer ona je zatamnjena senkama, slabo osvetljena *(luceat)*?" Otuda dolazi: „Lucus a non luceat". Šuma je nazvana lucus, jer je u njoj mračno *(non lucet)*. – *Prim. prev.*

[7] Taj Abelov rad, *Ursprung der Sprache,* objavljen je u njegovim *Sprachwissenschaftliche Abhandlungen* (Lajpcig, 1885). Međutim, drugi, po kojem je Frojd naslovio svoj tekst i posvećuje mu svoju glavnu pažnju, s naslovom *Ueber den Gegegsinn der Urworte,* objavljen je, kao brošura, godinu dana ranije (Lajpcig, 1884). – *Prim. prev.*

[8] O fenomenu glasovnog obrtanja (metateza), koje ima možda još tešnje veze s radom sna nego suprotstavljanje smisla (antiteza), uporedite i W. Meyer-Rinteln, u *Kölnische Zeitung,* od 7. marta 1909. godine.

[9] To je takođe blizu pretpostavci da izvorna suprotstavljenost smisla reči [Gegensinn bi bilo mogućno prevesti i kao „protivsmisao" – *prim. prev.*] predstavlja prethodno obrazovani mehanizam koji se iskorišćuje u govornoj omašci [Versprechen] kada se, u službi mnogostrukih tendencija, kazuje suprotno od onog što se navodno hoće reći.

MOTIV BIRANJA KOVČEŽIĆA

[Das Motiv der Kästchenwahl[1]]

I

Dve scene kod Šekspira, jedna vesela i druga tragična, nedavno su mi pružile priliku da postavim i rešim mali problem. Vesela prikazuje kako prosci biraju, u *Mletačkom trgovcu*, između tri kovčežića. Lepa i pametna Porcija obavezana je voljom svoga oca da za muža uzme onoga takmaca koji od tri predočena mu kovčežića bude izabrao pravi. Od tri kovčežića, jedan je od zlata, drugi od srebra, a treći od olova, pravi je onaj koji sadrži devojčinu sliku. Ne postigavši uspeh, dva takmaca su se već povukla; izabrali su zlato i srebro. Basanio, treći, odlučuje se za olovo; time zadobija izabranicu, čiju je naklonost stekao već pre sudbinske probe. Svaki prosac je u besedi obrazlagao svoju odluku, hvaleći izabrani metal, dok je ostala dva kudio. Najteži zadatak je, pri tome, pao u deo trećem, srećnom proscu; ono što on može da kaže da bi, naspram zlata i srebra, uveličao olovo – malo je i zvuči nategnuto. Nađemo li se, u psihoanalitičkoj praksi, pred takvom besedom, iza nezadovoljavajućeg obrazloženja nazrećemo prikrivene motive.

Šekspir nije sâm izmislio proročišno biranje kovčežića. Temu je preuzeo iz priče koja se nalazi u *Gesta Romanorum*,[2] i po kojoj se pred istim izborom nalazi izvesna devojka, hoteći da zadobije carevog sina.[3] I tu je treći metal, olovo, onaj koji donosi sreću. Nije teško pogoditi da je pred nama jedan stari motiv koji iziskuje da bude pro-

31

tumačen, izveden i sveden. Prva pretpostavka šta bi moglo da znači biranje između zlata, srebra i olova nalazi se izložena u napomeni Ed. Štukena[4] koji se spomenutom građom bavio u širokom kontekstu. On kaže: „Ko su tri Porcijina prosca biva jasno na osnovu onoga što izabiraju: marokanski knez bira zlatnu škrinju – on je Sunce, aragonski knez bira srebrnu škrinju – on je Mesec, Basanio bira olovnu škrinju – on je zvezdani dečak." Da bi potkrepio ovo tumačenje, Štuken navodi epizodu iz estonskog narodnog speva *Kalevipoeg* u kojoj se tri prosca, bez prerušavanja, javljaju kao Sunčev, Mesečev i zvezdani mladić („Severnjače najstariji sinak"), a izabranica opet pripada trećem.

Tako naš problemčić upućuje, dakle, na jedan astralni mit! Šteta je jedino što tim objašnjenjem stvar nije završena. Pitanje se i dalje nastavlja, jer ne verujemo, kao što to čine mnogi mitografi, da se mitovi pobiru na nebu, nego smo skloniji da sudimo, zajedno sa O. Rankom,[5] da su tek projektovani na nebo pošto su nastali negde u čisto ljudskim uslovima. A taj njihov ljudski sadržaj zaslužuje naše interesovanje.

Bacimo još jednom pogled na našu građu. U estonskom epu, kao i u priči iz *Gesta Romanorum*, reč je o izboru kojeg vrši devojka između tri prosca. U sceni iz *Mletačkog trgovca* radi se, čini nam se, o istom, ali tu, istovremeno, postoji svojevrsno obrtanje motiva: muškarac je onaj koji bira između tri kovčežića. Kad bi u pitanju bio neki san, odmah bismo pomislili da su kovčežići, takođe žene, simboli suštinskog na ženi i zato žena sâma, kao što su to tobolci, burmutice, kutije, kotarice itd.[6] Dozvolimo li sebi da i u slučaju mita prihvatimo simboličku zamenu te vrste, scena u *Mletačkom trgovcu* doista se obrće onako kako smo i naslućivali. Jednim potezom kako se to inače događa jedino u bajkama, strgli smo s naše teme astralni plašt i sada vidimo da je reč o ljudskom motivu, *muškarečevom biranju između tri žene*.

No, isti je sadržaj i druge Šekspirove scene, u jednoj od njegovih najuzbudljivijih drama; mada nije u pitanju nikakvo izabiranje verenica, ipak je ona mnogim skrivenim sličnostima povezana s pitanjem kovčežića u *Trgovcu*. Stari kralj Lir odlučuje da još za svoga života podeli kraljevstvo među svoje tri kćeri, i to u delovima srazmernim ljubavi koju one ispoljavaju prema njemu. Dve starije, Gonerila i Regana, do besvesti kliču o svojoj ljubavi, razmeću se njome, dok treća, Kordelija, odbija da tako postupa. Otac bi trebalo da prepozna tu neupadljivu, ćutljivu ljubav treće i nagradi je, ali on je ne prepoznaje, odbacuje Kordeliju, a kraljevstvo deli drugim dvema, na nesreću svoju i svih ostalih. Nije li to opet scena biranja između tri žene, od kojih je najmlađa najbolja, i najsavršenija?

Na pamet nam sada padaju i druge scene iz mitova, bajki i književnih dela u kojima je sadržana rečena situacija: pastir Paris bira između tri boginje, od kojih treću proglašava za najlepšu. I Pepeljuga je takođe najmlađa, ona koju kraljević pretpostavlja dvema starijim. Psiha iz Apulejeve bajke najmlađa je i najlepša od tri sestre. Psiha je, s jedne strane, poštovana kao ljudsko otelovljenje Afrodite, a s druge strane ta ista boginja postupa s njom kao što maćeha postupa s Pepeljugom: prisiljena je da trebi ogromnu hrpu izmešanog zrnevlja, pri čemu joj pomažu životinjice (golubovi Pepeljugi,[7] mravi Psihi).[8] Ko bi hteo da dalje traga za materijalom, sigurno je da bi mogao pronaći isti motiv i u drugim oblicima u kojima su sačuvana ista suštinska obležja.

Zadovoljimo se Kordelijom, Afroditom, Pepeljugom i Psihom! Ako su već predstavljene kao sestre, na tri žene, među kojima je treća najsavršenija, valja gledati kao na istovrsne. Ne treba da nas dovede u zabludu što su one, u Lirovom slučaju, tri kćeri upravo onoga koji bira. To možda ne znači ništa drugo nego da Lir treba da bude predstavljen kao stariji muškarac. Starijem muškarcu ionako nije lako izabrati između tri žene; zato je uzeto da su one njegove kćerke.

No, ko su te tri sestre i zašto izbor mora da padne na treću? Imali bismo traženo tumačenje, ako bismo mogli da odgovorimo na to pitanje. Jednom smo se već, međutim, poslužili primenom psihoanalitičke tehnike, onda kada smo tri kovčežića objasnili simbolički kao tri žene. Usudimo li se da nastavimo s tim postupkom, tada ćemo krenuti putem koji nas možda, preko susreta s nepredviđenim i neshvatljivim, zaobilazno vodi do cilja.

Možda će nas začuditi da ona treća, savršena žena u mnogim slučajevima raspolaže, osim lepotom, i izvesnim posebnim odlikama. To su svojstva koja, izgleda, teže nekom jedinstvu; ne bismo smeli, ipak, da očekujemo da ćemo ih sresti u svim primerima podjednako. Kordelija izgleda neraspoznatljiva, neupadljiva [bez sjaja], poput olova, i ostaje nema, „voli i ćuti".[9] Pepeljuga se skriva da ne bi mogla biti nađena. Možda možemo izjednačiti samoskrivanje s nemošću. To bi bila, svakako, samo dva od pet slučajeva koje smo izneli. No, primetno je da se nagoveštaj toga otkriva i kod dva druga. Kordeliju smo, jogunasto odbojnu, uporedili već sa olovom. O njemu se, upravo u kratkoj Basanijevoj besedi za vreme biranja kovčežića, veli sasvim neposredno:

The paleness moves me more than eloquence
(*plainess* po drugoj verziji)

Dakle: Bliskija mi je tvoja jednostavnost [ili: bledilo]nego kričavost ostalo dvoje. Zlato i srebro su „glasni", olovo je nemo, baš kao Kordelija koja „voli i ćuti".[10]

U starogrčkim pričama o Parisovom sudu ništa ne odaje takvu suzdržanost kod Afrodite. Svaka se od tri boginje obraća mladiću i pokušava da ga zadobije obećanjima. Ali, u jednoj sasvim modernoj obradi iste scene, crta koja nas je zaticala kod treće žene pojavljuje se ponovo kao naročita. U libretu *Lepe Jelene,* Paris priča, pošto je izvestio o zavodničkim pokušajima ostale dve boginje, kako se Afrodita ponašala u tom takmičenju za nagradu za lepotu:

A treća – ah, treća –
Bila je postrani i *nema.*
Njoj moradoh jabuku dati itd.[11]

34

Odlučimo li se da posebnosti naše treće vidimo koncentrisane u „nemosti", tada nam psihoanaliza kaže: nemost je, u snu, uobičajeni prikaz smrti.[12]

Pre više od deset godina saopštio mi je jedan izuzetno inteligentan čovek san kojeg je želeo da navede kao dokaz telepatske prirode snova. U snu je video odsutnoga prijatelja o kome već dugo nije imao nikakvih vesti, i jako mu je prebacio njegovo ćutanje. Prijatelj nije davao nikakav odgovor. Onda se ispostavilo da je on otprilike u vreme toga sna izvršio samoubistvo. Zanemarimo problem telepatije. Izgleda da je ovde nesumnjivo da nemost u snu predstavlja smrt. Pa i samoskrivanje, nenalazivost, kao što princ iz bajke tri puta ne može da otkrije Pepeljugu, jeste simbol neprepoznatljive smrti; takav je simbol i, ništa manje, napadno bledilo, na koje podseća olovno *paleness* iz jedne od verzija Šekspirovog teksta.[13] Bitno ćemo sebi olakšati prelaz sa ovog tumačenja jezika sna na način izražavanja mitom kojim se bavimo ako mognemo učiniti verovatnim da nemost mora da bude i drugde, ne samo u snovima, protumačena kao znak smrti.

Posežem za devetom narodnom bajkom iz Grimove zbirke, bajkom čiji je naslov: *Dvanaestorica braće*.[14] Kralj i kraljica imali su dvanaestoro dece, tačnije dvanaestoricu momaka. Reče tada kralj, ako trinaesto dete bude devojčica, dečaci moraju umreti. Čekajući na to rođenje, on naređuje da se napravi dvanaest mrtvačkih sanduka. Dvanaestorica sinova, uz majčinu pomoć, beže u gustu šumu i zaklinju se da će ubiti svaku devojku koju budu susreli.

Rodila se devojčica. Rasla je i jednoga dana je saznala od majke da ima dvanaestoricu braće. Odlučuje se da ih potraži; u šumi nailazi na najmlađeg, koji je prepoznaje, ali bi hteo da je prikrije zbog zakletve ostale braće. Sestra kaže: „Rado ću umreti, ako time mogu da spasem svoju dvanaestoricu braće." No, braća je srdačno primaju; ona ostaje kod njih i brine se za njihovo domaćinstvo.

U malom vrtu, kraj kuće, raslo je dvanaest ljiljana; devojka ih ubra da bi svakom bratu poklonila po jedan. U taj čas braća se premetnuše u gavranove i nestadoše, zajedno s kućom i vrtom. – Gavranovi su ptice-duše, sestrino usmrćenje dvanaestorice braće kidanjem cvetova predstavljeno je ponovo kao na početku mrtvačkim sanducima i nestankom braće. Devojka koja je neprestano spremna da svoju braću oslobodi od smrti, saznaje da je, pak, uslov za to da sedam godina mora da bude nema, da ne sme da progovori niti jednu jedinu reč. Ona se potči java tom iskušenju, koje čak i nju samu dovodi u životnu opasnost, tj. ona sama umire radi braće, baš kao što je poželela uoči susreta s braćom. Ustrajavajući u nemosti, uspeva konačno da spase gavranove.

Sasvim slično je u bajci o „šest labudova" sestra nemošću spasla, tj. vaskrsla braću pretvorenu u ptice. Devojka je čvrsto odlučila da spase svoju braću, „čak i ako bi zbog toga morala da plati svojim životom", i dovodi, postavši kraljeva supruga, neprestano sopstveni život u opasnost, jer neće, uprkos zlim optužbama, da se odrekne svoje nemosti.

Izvesno je da u bajkama možemo da otkrijemo i druge dokaze da nemost mora da bude shvaćena kao predstava smrti. Ako bismo sledili taj trag, onda bi treća od naših sestara, među kojima se vrši izbor, bila ona koja je mrtva. No, ona može biti takođe i nešto drugo, naime sâma smrt, boginja smrti. Zahvaljujući jednom retkom pomeranju, svojstva koja neko božanstvo dodeljuje čoveku – bivaju pripisana njemu samom. Takvo pomeranje najmanje će nas začuditi u slučaju boginje smrti, jer u modernim shvatanjima i predstavama, koje se ovde stavljaju u prvi plan, sâma smrt jeste jedino neki mrtvac.

No, ako je treća od sestara boginja smrti, tada znamo ko su sestre. To su sestre Sudbine, Mojre ili Parke ili Norne, od kojih se treća zove Atropa – Neumitna.[15]

II

Zapostavimo na trenutak brigu kako da nađeno tumačenje spregnemo s našim mitom, i poučimo se kod mitologa o ulozi i poreklu boginja Sudbine.[16]

Najstarija grčka mitologija poznaje jedino *Mojru* kao presonifikaciju neizbežne sudbine (kod Homera)[17]. Razvitak te jedne Mojre u sestrinsku zajednicu sastavljenu od tri (ređe dva) božanstva odigrao se, vrerovatno, po ugledu na druga božanstva, kojima su Mojre blizu, Harite i Hore.

Hore su, izvorno, božanstva nebeskih voda, koja daruju kišu i rosu, oblake iz kojih kiša pada, a pošto su oblaci shvatani kao tkanje – za te je boginje proizišao karakter tkalja [predilja], koji je onda fiksiran za Mojre. U sredozemnim krajevima nad kojima žeže Sunce, od kiše zavisi plodnost tla, pa su se zato Hore preobrazile u božanstva vegetacije. Njima se zahvaljuje lepota cveća i obilje plodova, pripisuje im se mnoštvo dražesnih i zanosnih crta. One postaju božanske zastupnice godišnjih doba,[18] i možda je otuda njihov broj morao da bude tri, ukoliko se ne bi zadovoljilo svetom prirodom trojke kao objašnjenjem. Jer, ti stari narodi razlikovali su najpre samo tri godišnja doba: zimu, proleće i leto. Jesen je pridošla tek u poznom grčko-rimskom dobu; tada je umetnost često prikazivala četiri Hore.

Odnos prema vremenu ostao je vezan za Hore; kao spočetka nad dobima godine, tako su, kasnije, bdele nad dobima dana; konačno, njihovo ime se svelo na označavanje časova *(heure, hora)*. Norne iz nemačke mitologije, po svojoj suštini su srodne Horama i Mojrama, i u svojim imenima nose sasvim očigledno to vremensko značenje.[19] Ali, ne bi trebalo ispustiti iz vida da suština ovih božanstava seže dublje i počiva u zakonomernosti promena dobâ; Hore će, tako, postati čuvarice zakona prirode i svetskog poretka, koji čini da se uvek iznova, po nepromenljivom redosledu, ono isto vraća u prirodu.

Takva spoznaja prirode povratno je uticala na shvatanje ljudskog života. Mit o prirodi preobrazio se u mit o čoveku; boginje vremena postale su božanstva Sudbine. No, ta se strana Hora izrazila tek u Mojrama, koje su nad nužnim poretkom u ljudskom životu bdele tako neumitno kao što su to Hore činile nad zakonomernošću u prirodi.

Neizbežna strogost zakona, veza sa smrću i propašću, bez čega se nije moglo na dragim likovima Hora, utisnuće sada svoj žig na Mojre, a čovek kao da je svu ozbiljnost zakona prirode osetio tek onda kada je sopstvenu ličnost trebalo da im podredi.

I imena triju Tkalja mitolozi su dosta dobro razumeli. Druga, Lahesis,[20] izgleda da označava[21] „slučajnost unutar zakonomernosti sudbine" – mi bismo rekli: sâmo življenje – dok je Atropa ono neizbežno, smrt, pa je za Kloto[22] ostalo značenje kobnog unutrašnjeg sticaja.

Sada je čas da se vratimo tumačenju motiva koji leže u osnovi izbora između tri sestre. Ako s tim sada spregnemo nađeno tumačenje, zapazićemo, s dubokim nezadovoljstvom, kako razmatrane situacije bivaju nerazumljive i kakve sve protivrečnosti nastaju u njihovom pojavnom sadržaju. Treća od sestara bi trebalo da bude boginja smrti, smrt sama, a u Parisovom sudu je to boginja ljubavi, u Apulejevoj bajci – lepotica uporediva sa istom boginjom, u *Trgovcu* – najlepša i najotmenija žena, a u *Liru* – jedina odana ćerka. Može li se zamisliti potpunija protivrečnost? Pa ipak, možda je taj neverovatni uspon sasvim blizu. On je doista tu, ako se u našem motivu svaki put slobodno biralo među ženama i ako je izbor pri tome trebalo da padne na smrt, koju ipak niko ne bira, čiji se plen postaje kobnošću sudbine.

Protivrečnosti izvesne vrste, zamenjivanja apsolutnim suprotnostima, ne predstavljaju, međutim, za analitički rad tumačenja nikakvu ozbiljnu teškoću. Ovde se nećemo pozvati na to da se suprotnosti u načinu izražavanja nesvesnog, kao što se to zbiva u snu, često predstavljaju jednim te istim elementom. Podsetićemo, pak, na to da u psihičkom životu postoje motivi koji dovode do zamenjivanja nečega njegovom suprotnošću, stvarajući takozvane reakcione tvorevine, i postignuće našeg rada možemo da potražimo upravo u otkrivanju takvih skrivenih motiva. Stvaranje Mojri sledi iz uvida koji opominje čoveka da je i on deo prirode i stoga potčinjen nepromenljivim zakonima smrti. Mora da se nešto u čoveku pobunilo protiv to-

38

ga potčinjavanja, u čoveku koji odustaje, samo krajnje nerado, od svoga položaja izuzetka. Znamo da čovek svoju fantazijsku aktivnost koristi radi zadovoljavanja svojih, u realnosti nezadovoljenih želja. Otuda se njegova fantazija buni protiv uvida otelovljenog u mitu o Mojrama i stvara mit, izveden iz mita o Mojrama, mit u kojem je boginja smrti zamenjena boginjom ljubavi i onim što joj je ravno u ljudskim oblicima. Treća od sestara nije više smrt; ona je najlepša, najbolja, najpoželjnija, ljubavi najdostojnija žena. A ta zamena tehnički uopšte nije bila teško izvodiva; ona je bila pripremljena starom ambivalentnošću – izvršena je niz jedan drevni sklop koji još dugo nije mogao da bude zaboravljen. Sâma boginja ljubavi, koja je sada stupila na mesto boginje smrti, jednom je bila s njom identična. Još se ni grčka Afrodita nije potpuno odrekla veza s podzemljem, mada je davno svoju htonsku ulogu predala drugim božanskim likovima, Persefoni, trolikoj Artemidi-Hekati. Velike boginje-Majke kod istočnjačkih naroda izgleda da su, pak, bile podjednako stvoriteljke i ništiteljke, boginje života i plodnosti i boginje smrti. Tako, zamenjivanje izvedeno zbog želje za suprotnošću, seže u našem motivu do jednog drevnog identiteta.

Isto takvo rasuđivanje odgovara nam na pitanje otkuda je poteklo unošenje izbora u mit o tri sestre. I tu je ponovo došlo do obrtanja želje. Izbor počiva na mestu nužnosti, neumitne sudbine. Tako čovek nadmašuje smrt, koju je priznao u svom mišljenju. Nezamisliv je veći trijumf ispunjenja želje. Biramo tamo gde se u stvarnosti pokoravamo prinudi, a ona koju biramo – nije užasna, nego najlepša i najpoželjnija.

Zagledamo li bolje, primetićemo, svakako, da izobličenja izvornoga mita nisu izvedena dovoljno temeljno a da se ne bi mogla otrkriti zahvaljujući zaostalim pojavnim tragovima. Slobodno biranje između tri sestre nije, zapravo, nikakvo slobodno biranje, jer nužno može da se odluči za treću, ukoliko neće, kao u *Liru,* da se iz njega izrodi svakojaka nesreća. Najlepša i najbolja, koja je stupila na mesto boginje smrti, sačuvala je crte koje se protežu do nečeg uznemiravajuće stranog, tako da po njima možemo da pogodimo ono što je skriveno.[23]

Dovde smo sledili mit i njegovo preobražavanje i nadamo se da smo pokazali tajne razoge tog preobražavanja. Sada se možemo okrenuti tome kako pesnik koristi motiv. Stičemo utisak kao da se kod pesnika odigrala neka redukcija motiva na izvorni mit, tako da nam je njegov oštri smisao, u izvedenom mitu umekšan izobličenjem, ponovo naslutljiv. Redukovanjem izobličenjâ, delimičnim povratkom na izvorno, pesnik je uspeo da dublje deluje na nas.

Da bih predupredio nesporazume, želim da kažem da mi nije namera da osporavam da je drama o kralju Liru htela da izoštri obe mudre pouke – da se svoga dobra i svojih prava ne treba odricati još za života i da se moramo čuvati da laskanje smatramo gotovinom. Takve i slične opomene[24] doista izviru iz dela, ali mi izgleda sasvim nemoguće da se ogroman uticaj *Lira* objasni utiscima koje proizvode njegove misaone sadržine ili da prihvatim da se lični motivi pesnika iscrpljuju u nameri da izloži te pouke. Pa ni tvrđenje da je pesnik hteo da nam dočara tragediju o nezahvalnosti, čije je ujede, svakako, i on osetio na svojoj koži, kao i da delovanje igre počiva na čisto formalnom momentu umetničkog oblikovanja, ne izgleda mi da može zameniti razumevanje koje nam je otvorilo uvažavanje motiva biranja između tri sestre.

Lir je starac. Zato se, rekli smo već, tri sestre pojavljuju kao njegove kćerke. Očev odnos prema deci, odakle bi mogli da poteknu mnogi plodni dramatski podsticaji, iščezava kao takav u daljem toku drame. No, Lir nije samo starac, nego i onaj koji umire. Tako, inače neočekivana, pretpostavka o deobi nasledstva gubi onda svu svoju čudnovatost. No, taj čovek predan smrti, ipak neće da se odrekne ljubavi žene; on želi da sluša o tome koliko je voljen. Pomislimo sada na uzbudljivu poslednju scenu, jedan od vrhunaca tragike u modernoj drami: Lir iznosi Kordelijin leš na pozornicu. Kordelija je smrt. Kada se situacija obrne, biva nam razumljiva i bliska. To je boginja smrti koja s poprišta odnosi umrlog junaka, poput Valkire u nemačkoj mitologiji. Večna mudrost, zaogrnuta u drevni mit, savetuje da se odrekne ljubavi, da izabere smrt, da se sprijatelji s nužnošću umiranja.

Time što omogućava da biranje između tri sestre izvede ostareli i umirući čovek, pesnik nam približava stari motiv. Regresivna obrada koju on tako preduimljuje mitom, izobličenom preobražajem želje, dopušta njegovom prvobitnom smislu da se iskaže u tolikoj meri da čak i jedno površno, alegorijsko tumačenje triju ženskih likova biva moguće. Mogli bismo reći da su tu predstavljena tri, za muškarca neizbežna odnosa prema ženi: stvoriteljka, drugarica i razgraditeljka. Ili tri oblika u kojima mu se, tokom života, predstavlja slika majke: majka sâma, ljubavnica koju bira po njenoj slici i prilici i, najposle, Majka zemlja koja ga prima ponovo u svoje okrilje. Ali starac zalud žudi za ljubavlju žene, kakvu je najpre primio od majke; jedino treća od žena Sudbine, ćutljiva boginja smrti, uzeće ga u svoje naručje.

---

[1] Iako je ovaj tekst prvi put objavljen, u časopisu *Imago* 1913. godine, Frojd je u svojoj prepisci, kako kazuje i Džons u Frojdovoj biografiji, izneo da mu je ideja pala na um godinu dana ranije. Bio je, po svemu sudeći, i „subjektivno uslovljen" da se pozabavi temom o tri sestre. To je i rekao u jednom pismu Šandoru Ferenciju (od 7. jula 1913). I sam Frojd je imao tri kćerke. – *Prim. prev.*

[2] *Gesta Romanorum* je naziv zbirke srednjovekovnih pripovesti. Poreklo joj je nepoznato. – *Prim. prev.*

[3] G. Brandes: *William Shakespeare,* 1896.

[4] Ed. Stucken: *Astralmythen* [Astralni mitovi], str. 655, Leipzig, 1907.

[5] Otto Rank: *Der Mythus von der Geburt des Helden* [Mit o rađanju junaka], Leipzig und Wien, 1909, str. 8 i d.

[6] O toj simbolici, preko primera iz snova, Frojd govori u *Tumačenju snova,* VI poglavlje, negde u početku odeljka E. – *Prim. prev.*

[7] Čitaoci bajke o Pepeljugi u prezentaciji Šarla Peroa neće naići na golubove. Frojd se oslanja na nemačku verziju iste bajke, koja se pretežno i raširila u svetu. – *Prim. prev.*

41

[8] Dr O. Ranku zahvaljujem za upućivanje na ovu saglasnost. [Frojd se na to osvrće i u XII poglavlju (B) svoje studije o masovnoj psihologiji, psihologiji mase. – *Prim. prev.*]

[9] To sâma Kordelija kaže u jedan mah, u stranu (I čin, 1. scena). – *Prim. prev.*

[10] Ova se aluzija potpuno izgubila u Šlegelovom prevodu, tako da ona, značenjem, vuče na suprotnu stranu: *Tvoje jednostavno biće obraća mi se rečito* [Dein schlichtes Wesen spricht beredt mich an].

[11] U pitanju je opera *La Belle Hélène* Žaka Ofenbaha, za koju su libreto napisali Melak i Halevi. – *Prim. prev.*

[12] Nemost je navedena među simbole smrti u Štekelovom *Jeziku sna* [Wilhelm Stekel: Sprache des Traumes], 1911, str. 351. [U francuskom časopisu *Mercure de France,* u oktobarskom broju od 1926. godine, izvesni doktor Morle, između ostalog, govori o razlozima zašto kipovi nekih praidola nisu imali usta. „Predstava smrti, koja je velika tišina, tražila je uklanjanje ustiju. Usta su bila jedno od razlikovnih obeležja živih i mrtvih. Taj članak je Frojd možda imao kasnije priliku da pregleda. U svakom slučaju, i Morleovo objašnjenje išlo je u prilog stanovištu koje je izlagao Frojd. Frojd je, konačno, pitanje dotakao još mnogo ranije, naime u *Tumačenju sna,* VI poglavlje (E). – *Prim. prev.*]

[13] Stekel, *loc. cit.*

[14] Str. 50 izdanje Reclam, sv. 1 / Izdanje o koje se oslanja Frojd, Grimove zbirke, jeste ono iz 1918. godine. – *Prim. prev.*

[15] *Atropos* je grčka reč: kad više *nema povratka.* – *Prim. prev.*

[16] Ono što sledi je preuzeto iz Rošerovog *Leksikona grčke i rimske mitologije,* pod odgovarajućim odrednicama.

[17] *Moira* je grčka imenica koja se može vezati za *meiroma:* dobiti u deo. – *Prim. prev.*

[18] Redosled u funkcijama Hora možda i nije baš tačan, ukoliko verujemo Boasakovom *Etimološkom rečniku grčkog jezika* (Boisacq: *Dictionnaire étymologique de la langue grecque,* str. 1083, videti pod *hóra*). Naime, rečca *hora* upravo je prvobitno označavala jedan period, vremenski odsečak. Ta reč je izvod indoevropskog *yora,* odakle vuku koren, primerice, nemačka reč *Jahr* ili engleska *year,* koje znače *godinu.* – *Prim. prev.*

[19] Imena nemačkih Norni znače približno: „što je bilo“, „što jeste“ i „što će biti“. – *Prim. prev.*

[20] *Làhesis,* gr. zgoditak, udeo, od *lanháno,* dobiti zahvaljujući slučaju. – *Prim. prev.*

[21] J. Roscher: *Griechische Mythologie,* prema Preller-Robert.

[22] *Klothó,* gr. ona koja odmotava konac s kalema. – *Prim.*
prev.

[23] Apulejeva Psiha je takođe sačuvala mnoge crte koje podsećaju na njenu vezu sa smrću. Njeno venčanje je udešeno kao posmrtna svečanost: ona mora da siđe u podzemlje i potom pada u san nalik smrti (O. Rank).

O značenju Psihe kao božanstva proleća i kao „verenice smrti", vidi A. Zinzow: *Psyche und Eros,* Halle 1881.

U jednoj drugoj Grimovoj bajci (br. 179, *Guščarica na izvoru*) sreće se, kao i kod Pepeljuge, smenjivanje lepog i mrskog lika treće ćerke, pri čemu se može uočiti nagoveštaj njene dvostruke prirode, pre i posle zamene. Tu treću ćerku je odbacio njen otac posle jednog kušanja koje je gotovo saglasno sa onim u *Kralju Liru.* Ona mora, kao i njene ostale sestre, da pokaže koliko joj je drag otac, ali ne nalazi nijedan drugi izraz za svoju ljubav, nego da ga uporedi sa solju. (Po prijateljskom saopštenju dr Hansa Zaksa [Sachs].)

[24] Ako bismo motiv biranja između tri kovčežića posmatrali kao motiv iz sna, onda je njegov *manifestni sadržaj* – po Eduaru Pišonu, svojevremenom redaktoru francuskog prevoda ovoga Frojdovog teksta – da ne treba suditi stvari po njihovom spoljašnjem izgledu, ne dozvoliti da nas zavede niska i spontana pohlepa. Naprotiv, potrebno je umeti prepoznati u stvarima ovoga sveta skrivene odlike koje će obezbediti pravu sreću. – *Prim.*
prev.

43

MITOLOŠKA PARALELA UZ JEDNU OPSESIVNU PLASTIČKU PREDSTAVU
[Mythologische Parallele zu einer Plastischen Zwangsvorstellung]

Kod jednoga, otprilike dvadesetjednogodišnjeg bolesnika proizvodi nesvesnog rada duha ne dopiru do svesti samo u obliku opsesivnih misli, nego i u obliku *opsesivnih slika*. Misli i slike iskrsavaju zajedno ili se pojavljuju nezavisno jedne od drugih. Kad bi video oca da ulazi u sobu, kod bolesnika su se, izvesno vreme, pojavljivale tesno povezane jedna opsesivna reč i jedna opsesivna slika. Reč je glasila „Vaterarsch‟, a prateća slika prikazivala je oca u vidu golog donjeg dela tela kojem su pridodate ruke i noge, pri čemu su nedostajali glava i gornji deo tela. Genitalije nisu bile naznačene; crte lica su bile oslikane na stomaku.

Da bi se objasnila ova simptomatska tvorevina, budalastija nego obično, valja upozoriti da je mladić, intelektualno potpuno razvijen i s visokim moralnim stavom, sve do svoje desete godine, u najrazličitijim vidovima, upražnjavao veoma živu analnu erotiku. Pošto ju je prevazišao, njegov seksualni život je bio, kasnijom borbom protiv genitalne erotike, potiskivan natrag ka spomenutom analnom predstupnju. Koliko je on voleo i poštovao oca, toliko ga se i plašio. Sa stanovišta svojih visokih zahteva u potiskivanju nagona i asketizmu, njegov mu je otac izgledao kao oličenje „raspusnosti‟, koji se rukovodio jedino uživanjem u onome što je materijalno.

Reč „Vaterarsch‟ razjašnjava se odmah kao raskalašno ponemčavanje počasnog naziva „patrijarh‟. Opsesivna slika je očevidna karikatura. Ona nas podseća na druga predstavljanja koja, u cilju omalovažavanja, celu osobu zamenjuju jednim jedinim organom, npr. genitalnim, a podseća nas i na nesvesne fantazme koji upućuju na poistovećivnje genitalija s celim čovekom, ili pak na onaj način ćaskajućeg govora kada se veli: „Sav sam se pretvorio u uho."

Najpre mi je karikaturalno nanošenje crta lica na stomak izgledalo veoma neobično. No, ubrzo sam se setio da sam nešto slično video na francuskim karikaturama.[1] Zatim mi je slučajno do ruku došla jedna antička predstava koja pokazuje potpuno saglasje sa opsesivnom slikom moga pacijenta.

Po grčkom predanju, Demetra je, tragajući za svojom ugrabljenom kćerkom, dospela u Eleuzinu. Tamo je primiše Disaul i njegova žena Baubo. Ali, budući da je bila u dubokoj žalosti, Demetra je odbijala da jede i pije. Tada ju je domaćica Baubo nasmejala tako što je naglo podigla svoju tuniku i otkrila svoje telo. O ovom događaju, kojeg verovatno valja objašnjavati nekim danas teško razumljivim magijskim obredom, raspravlja se u četvrtoj svesci dela Salomona Renaka (Salomon Reinach) *Cultes, mythes et religions*, 1912. I spominje se da su prilikom iskopavanja Prijene, u Maloj Aziji, pronađene terakote koje prikazuju tu Baubo. One pokazuju žensko telo bez glave i grudi, na čijem stomaku je nacrtano lice; podignuta tunika uokvirava to lice poput neke krune od kose. (S. Reinach, *ibid*, str. 117.)

---

[1] Up.: „Besramni Albion" [*L'impudique Albion*], karikatura Žana Vebera, 1901. godine, o Engleskoj, kod Eduarda Fuksa: *Erotski element u karikaturi* [Fuchs: *Das erotische Element in der Karikatur,* 1904].

USPOMENA IZ DETINJSTVA
U GETEOVOM *PESNIŠTVU I ISTINI*
[Eine Kinderheitserinnerung aus
Dichtung und Wahrheit[1]]

„Ako pokušamo da se setimo onoga što nam se dešavalo u najranijem detinjstvu, čest je slučaj da ono što su nam drugi pričali mešamo sa onim što je doista naše sopstveno iskustvo." Ovu napomenu iznosi Gete na prvim stranicama životopisa na kojem je počeo da radi u starosti   od   šezdeset godina. Ispred životopisnog teksta stoje samo nekoliko obaveštenja o njegovm uspelom rođenju „28. avgusta 1749. godine, tačno na dvanaesti podnevni odzvon". Zvezdana konstelacija mu je bila naklonjena i verovatno je doprinela da se održi u životu, jer je na svet došao „gotovo mrtav", i tek zahvaljujući mnogim naporima uspeo je da ugleda svetlo dana. Posle te napomene sledi kratak opis kuće i prostora u kojem su se deca – on i njegova mlađa sestra – najradije zadržavala. No, Gete potom pripoveda zapravo samo o jednoj zgodi koja bi mogla da se smesti u „najranije detinjstvo" (do četvrte godine?) i o kojoj je, izgleda, on sačuvao ličnu uspomenu.

Ta priča glasi: „... i omileh trojici braće fon Oksenštajn, sinovima preminulog načelnika opštine, koja stanovahu u susedstvu, pa su se bavili mnome i svakojako me zadirkivali."

„Moji su pričali rado o svakakvim ugursuzlucima kojima su me dražili ti, inače, ozbiljni i usamljeni ljudi. Navešću samo jednu od tih ludorija. Bio je upravo grnčarski vašar, a nije se jedino kuhinja opskrbila za ubuduće glinenim posuđem, nego su i nama, deci, kupili slično, umanjeno, za igranje. Jednog lepog popodneva, dok je u kući vladao potpuni mir, vršljao sam sa svojim čancima i loncima po *Geräms*-u, (spomenuto mesto koje gleda na ulicu) i pošto iz toga više ništa zabavno nije proizilazilo bacio sam jedan lončić na ulicu i obradovao se kada se on veselo razbio. Oksenštajnovi, koji su videli kako sam u tome uživao, da sam čak radosno zatapšao ručicama, dovikivali su: „Još!" Nisam oklevao, nego i grnac, a na stalno ponavljani poziv „još!", jedni za drugima na pločnik poleteše svi čanci, zdelice i tanjirići. Moji susedi su nastavili da mi oduševljeno odobravaju, a ja sam bio jako radostan što im pričinjavam zadovoljstvo. Moja zaliha je bila potrošena, a oni su neprekidno dovikivali: „Još!" Požurio sam stoga strmoglavo u kuhinju i uzeo zemljani tanjir čije je lomljenje, razumljivo, proizvelo još veseliji prizor; i tako sam ja trčao tamo-amo, donosio tanjir za tanjirom, sve po nizu koji sam mogao da dohvatim na polici, a pošto se oni nisu nikako zadovoljavali – produžih da pravim rusvaj i sa svim suđem koje sam bio kadar da ponesem. Tek kasnije se pojavio neko da bi branio i sprečavao. Nesreća je bila učinjena, i za onoliko slomljenog posuđa dobili smo bar veselu priču kojom su se, osobito zločesti začetnici, zabavljali do kraja svog života."

To se u preanalitičkim vremenima čitalo bez povoda da se zastane i začudi. No, kasnije se probudila analitička savest. U pogledu uspomena iz najranijeg detinjstva obrazovala su se određena mišljenja i očekivanja, po kojima im se rado pripisivalo opšte važenje. Nije bilo nevažno, niti se preko toga moglo preći ravnodušno, da je neka pojedinost iz života u dečjem dobu izmakla posvemašnjem zaboravljanju detinjstva. Štaviše, moglo se pretpostaviti da ono što se sačuvalo u pamćenju jeste i najznačajnije u čitvom periodu života, i to bilo da je ta važnost postojala već u onom trenutku ili, pak, da je ona stečena naknadnim uticajem kasnijih doživljaja.

Svakako, visoka vrednost takvih uspomena iz detinjstva bila je očita samo u retkim slučajevima. One su većinom izgledale nevažne, čak ništavne, pa je najpre ostalo neshvaćeno kako to da su upravo one uspele da prkose amneziji. Pa i onaj koji ih je tokom niza godina čuvao kao svoje lično uspomensko dobro nije znao da ih išta više ceni od stranca kome ih je pričao. Da bismo spoznali njihov značaj – neophodan je izvestan rad tumačenja bilo zato da bi se ukazalo na to kako je njihov sadržaj mogao da bude zamenjen nekim drugim, ili da bi se pokazala njihova veza s drugim, neosporno važnim doživljajima čije su mesto one mogle da zauzmu kao takozvane *pokrivne uspomene*.

U svakoj psihoanalitičkoj obradi životne istorije na taj način uspeva da se objasni značenje uspomena iz najranijeg detinjstva. Dešava se, tako, po pravilu, da se upravo ona uspomena, koju analizovani istura u prvi plan, koju najpre pripoveda, s kojom započinje svoju životnu priču, pokazuje kao najvažnija, kao ona koja u sebi krije ključ za tajne odaje svog duševnog života. No, u slučaju male dečje zgode, ispričane u *Pesništvu i istini,* malo šta izlazi ususret našem iščekivanju. Ovde nam, prirodno, nedostaju sredstva i putevi koji nas u slučaju naših pacijenata vode do tumačenja; izgleda da događaj po sebi nije sposoban da uspostavi traženu vezu s važnim životnim uticajima poznijeg doba. Vragolija na štetu domaćinstva, izvedena pod tuđim uticajem, doista nije neka odgovarajuća nalepnica za sve ono što Gete ima da saopšti iz svog bogatog života. Ta uspomena iz detinjstva stvara utisak potpunog nesklada i nepovezanosti sa čim god bilo, i skloni smo da se saglasimo da se ne može preterano zahtevati od psihoanalize, niti je primenjivati na neprimerenim mestima.

Bio sam već poduže u svojim razmišljanjima zanemario taj mali problem kad mi je slučaj doveo pacijenta sa sličnom uspomenom iz detinjstva, ali u prozirnijem sklopu. Bio je to dvadesetsedmogodišnji, visokoobrazovani i daroviti muškarac koji je u tom trenutku bio prožet konfliktom sa svojom majkom, konfliktom koji se upleo gotovo u sve oblasti života i pod čijim delovanjem je bio teško sputan razvitak mladićevih sposobnosti za ljubav i njegovo samostalno vođenje života. Konflikt je sezao daleko u detinjstvo; moglo bi se reći čak do četvrte godine mladićevog života. Do tada je on bio veoma slabo, uvek bolešljivo dete, a ipak su njegove uspomene to hudo doba preobrazile u raj, jer tada je posedovao neograničenu, ni s kim deljenu majčinu nežnost. Kada on još nije imao ni četiri godine, rodio mu se – i danas još živ – brat, a u reakciji na taj poremećaj – on se promenio u tvrdoglavka i neposlušnika, neprestano izazivajući majčinu strogost. Nikada se više nije vratio na pravi put.

Kada je došao kod mene na tretman – za to nije bio najmanji razlog da se njegova bigotna majka plašila psihoanalioze – ljubomora prema drugorođenom bratu, koja se svojevremeno ispoljila čak i u vidu atentata na odojče u kolevci, bila je davno zaboravljena. On se ophodio sada prema svome mlađem bratu s puno obzira, ali čudni slučajni činovi kojima je on iznenada teško ozleđivao inače voljene životinje, kao što je njegov lovački pas ili ptice što ih je brižno negovao, mogli su se, svakako, razumeti kao daleki odjek onih neprijateljskih impulsa prema malom bratu.

Taj pacijent priča da je jednom, negde u vreme atentata protiv njemu mrskog deteta, sve dostupno posuđe izbacio na ulicu, kroz prozor seoske kuće. Dakle, isto ono što Gete priča iz svog detinjstva u *Pesništvu i istini!* Dodajem da je moj pacijent strane nacionalnosti i da nije vaspitavan u nemačkim školama; Geteov životopis nikada nije pročitao.

Ovo saopštenje moralo bi da me podrži u pokušaju da Geteovu uspomenu iz detinjstva protumačim u smislu koji se ispostavlja u istoriji moga pacijenta. No, da li bi u pesnikovom detinjstvu bilo mogućno ukazati na uslove koji dopuštaju takvo shvatanje? Sam Gete prebacuje, doduše, odgovornost za svoju dečju vragoliju na gospodu fon Oksenštajn. Ali, samo njegovo pričanje dopušta da se shvati da su ga odrasli susedi jedino ohrabrivali da produži sa svojim delom. On je spontano počeo, a motivacija koju on daje za to počinjanje, „pošto iz toga (prilikom igre) više ništa nije zabavno proizilazilo", dozvoljava da se bez nategnutosti protumači priznanje da mu, u trenutku pisanja i, verovatno, dugi niz godina pre toga, nije bio poznat motiv njegovog delanja.

Poznato je da su Joh. Volfgang i njegova sestra Kornelija bili najstariji od preživelih iz velikog niza veoma slabačke dece. Dr Hans Zaks bio je tako ljubazan da mi pribavi datume koji su se odnosili na te rano preminule Geteove sestre i braću.

Geteova braća i sestre:

a) Herman-Jakob, kršten u ponedeljak, 27. novembra 1752. godine, dosegao starost od šest godina i šest nedelja, pokopan 13. januara 1759. godine.

b) Katarina Elizabeta, krštena u ponedeljak, 9. septembra 1754. godine, pokopana u četvrtak, 22. decembra 1755. godine (stara godinu i četiri meseca).

c) Johana Marija, krštena u utorak, 29. marta 1757. godine, a pokopana u subotu, 11. avgusta 1759. godine (stara dve godine i četiri meseca). (To je, svakako, bila ona koju je njen brat uzveličao kao veoma lepu i dražesnu devojčicu.)

d) Georg Adolf, kršten u nedelju, 15. juna 1760. godine; pokopan, u starosti od osam meseci, u sredu, 18. februara 1761. godine.

Geteova po starosti najbliža sestra, Korenelija Friderika Kristijana, bila je rođena 7. decembra 1750. godine, kada je on imao pet četvrtina godine [15 meseci]. Ona je, zbog te neznatne razlike u starosti, daleko od toga da je mogla biti predmet ljubomore. Poznato je da deca, kada se bude njihove strasti, nikada ne razvijaju žestoke reakcije prema braći i sestrama što su već tu, nego je njihova odbojnost uperena prema novopridošlima. Pa ni scena, koju se trudimo da protumačimo, nije združiva s nežnim Geteovim godinama u trenutku ili odmah posle Kornelijinog rođenja.

Prilikom rođenja prvog mlađeg brata, Hermana Jakoba, Gete je imao tri godine i tri meseca. Otprilike dve go-

50

dine kasnije, kada je on imao pet godina, rođena je druga sestra. Oba starosna doba dolaze u obzir za datiranje izbacivanja posuđa. Prvo možda ima prednost i omogućava bolje slaganje sa slučajem moga pacijenta, koji je prilikom rođenja svoga brata imao tri godine i devet meseci. Herman Jakob, brat prema kojem se, otuda, usmerava naš pokušaj tumačenja, nije bio, uostalom, nikakav prolazani gost u Geteovoj dečjoj sobi, kao što su to bila ostala braća i sestre. Za čuđenje je već da se na njega ne osvrće ni najmanjom reči u životnoj istoriji njegovog velikog brata.[2] Imao je više od šest godina, a Joh. Volfgang bezmalo deset, kada je on umro. Dr Ed. Hičman, koji je bio tako ljubazan da mi na raspolaganje stavi svoje beleške o ovoj stvari, smatra:

„*Ni mali Gete nije nerado gledao na umiranje braće.* U najmanju ruku, po naknadnoj priči Betine Brentano, njegova majka iznosila je sledeće: ‚Majci je naročito palo u oči da on nije, prilikom smrti svoga mlađeg brata Jakoba, koji mu je bio drug u igri, pustio na suzu, pre je izgledalo da se ljuti zbog jadikovki roditelja i sestara; kada je majka kasnije priupitala prkosnika zar mu brat nije bio drag, on je otrčao u svoju sobu, ispod kreveta izvukao gomilu papira, na kojima su bile ispisane lekcije i pričice, i rekao joj da je on sve to napisao da bi podučio brata.‘ Stariji brat je, dakle, uvek rado izigravao oca mlađem i pokazivao mu se kao nadređen.“

Mogli bismo, stoga, da pomislimo da je izbacivanje posuđa bilo simbolični ili, recimo tačnije, *vradžbinski* čin kojim dete (Gete, kao i moj pacijent) snažno izaziva svoju želju za odstranjenjem uznemirujućeg uljeza. Ne može se osporiti zadovoljstvo deteta dok lomi predmete; ako neki čin već po sebi pruža zadovoljstvo, tada on nije nikakvo sprečavanje, nego pre mamljenje da se on ponavlja, ma i u službi drugih ciljeva. Ali, ne verujemo da bi zadovoljstvo u buci i lomu jedino moglo da obezbedi takvoj dečjoj vragoliji trajno mesto u sećanju odraslog. Ne oklevamo ni da usložnjavamo motivaciju čina, pripisujući mu i druge elemente. Dete koje razbija posuđe, dobro zna da čini nešto rđavo, zbog čega će ga odrasli grditi, a ako ga to znanje ne može zadržati, onda verovatno ima da izdovolji neku pizmu prema roditeljima; ono želi da se pokaže rđavim. Želi li da se izdovolji u zadovoljstvu lomljenja i razbijenog, dete baca, jednostavno, lomljive predmete na tlo. Pritom ostaje bez objašnjenja izbacivanje kroz prozor na ulicu. Izgleda da je to „napolje" suštinski deo vradžbinskog čina i potiče iz skrivenog smisla istog. Novo dete treba da bude izbačeno, po mogućstvu kroz prozor, jer je kroz prozor i došlo. Tada je čitav čin ekvivalentan s doslovnom reakcijom nekog deteta, o kojoj su me obavestili, kada su mu saopštili da je roda donela bracu. „Neka ga ona opet odnese" – uzvratio je.[3]

Ne prenebregavamo, međutim, koliko je stvar tugaljiva – čak i bez obzira na sve unutrašnje nesigurnosti – zasnivati tumačenje nekog dečjeg čina na jednoj jedinoj analogiji. Zato sam godinama i zadržavao za sebe svoje shvatanje male scene iz Pesništva i istine. No, jednog dana došao mi je pacijent koji je svoju analizu započeo sledećim rečenicama (verno sam ih zabeležio):

„Ja sam najstariji od osmoro ili devetoro braće i sestara.[4] Jedna od mojih prvih uspomena je da mi je otac, sedeći u noćnom ogrtaču na svom krevetu, smejući se pričao da sam dobio brata. Imao sam tada tri godine i devet meseci; tolika je razlika u godinama između mene i moga po godinama najbližeg brata. Potom znam da sam kratko vreme posle toga (ili je to bilo godinu dana ranije?)[5] jednom različite predmete, četke – ili je to bila samo jedna četka? – cipele i drugo izbacivao kroz prozor na ulicu. Sećam se i još nečega ranijeg. Kada sam imao dve godine, prenoćio sam s roditeljima u nekoj hotelskoj sobi u Lincu, na putu u salcburšku pokrajinu. Te noći sam bio toliko nemiran i toliko se derao da je otac morao da me istuče."

Posle tog iskaza sve moje sumnje su nestale. Ako prilikom analitičkog razgovora dve stvari stoje jedna pored druge, kao da su izrečene u jednom dahu, tada tu blizinu valja da protumačimo kao njihovu spregu. Bilo je, dakle, kao da je pacijent rekao: „*Budući* da sam saznao da sam dobio brata, nedugo zatim izbacio sam one stvari na ulicu." Izbacivanje češljeva, obuće itd, može se prepoznati kao reakcija na rođenje brata. I nije nepoželjno da izbačeni predmeti u ovom slučaju nisu bili sudovi, nego druge stvari, verovatno one kojih se dete u tom trenu moglo dočepati... Zahtev da se izbacuje (kroz prozor, na ulicu) pokazuje se tako kao suština čina, a zadovoljstvo u lomljenju, pravljenju buke, i vrsta stvari, na kojima se „odigrava egzekucija", kao nešto varljivo i nebitno.

Razumljivo, zahtev o sprezanju proteže se i na treću uspomenu iz detinjstva pacijenta, koja se, iako najranija, stavlja na kraj malog niza. Zahtev je lako ispuniti. Razumemo da je dvogodišnje dete bilo nemirno zato jer nije moglo da podnese da otac i majka budu u istom krevetu. Na putovanju nije moglo, svakako, da bude drukčije nego da dete bude svedok te zajednice. U njemu je ostala gorčina prema ženi, koja vodi poreklo iz osećanja koja su se tada pokrenula u malom ljubomorku, gorčina koja je za posledicu imala trajni poremećaj njegovog razvitka u ljubavi.

Kada sam, posle oba ova iskustva, u krugu psihoanalitičkog društva izneo mišljenje da događaji te vrste ne bi smeli da budu retkost kod male dece, gospođa dr f. Hug-Helmut stavila mi je na raspolaganje dva dalja opažanja, koje ovde prenosim:

I

„S tri i po godine (cirka) mali Erih je ‚iznenada' uobičajio da sve što mu nije odgovaralo baca kroz prozor. No, on je to radio i s predmetima koji mu se nisu nalazili na putu niti ga se ticali. Na sam rođendan svoga oca – imao je tada tri godine i četiri i po meseca – bacio je na ulicu tešku oklagiju, koju je umah dovukao iz kuhinje u sobu, kroz prozor stana na trećem spratu. Nekoliko dana kasnije istim putem su otišli avanski tučak, zatim par teških očevih planinarskih cipela, koje je najpre morao da uzme iz ormara.[6]

Tada je majka u sedmom ili osmom mesecu trudnoće učinila *fausse couche*,[7] posle čega je dete bilo „kao preobraženo, pametno, umiljato i mirno". U petom ili šestom mesecu neprekidno je govorio majci: ‚Mamice, skočiću ti na stomak' ili ‚mamice, pritisnuću ti stomak'. A uoči *fausse couche*, u oktobru: ‚Ako već moram da dobijem brata, neka to bude bar posle Božića.'"

II

„Jedna mlada, devetnaestogodišnja dama spontano mi je ispričala o svojoj najranijoj uspomeni iz detinjstva sledeće:

‚Vidim se kako kao jako nevaljala, spremna da izmilim, sedim ispod trpezarijskog stola. Na stolu je moja šolja za belu kafu – još jasno pred sobom vidim mustru na porculanu – koju sam baš u trenutku kada baka ulazi u sobu htela da bacim kroz prozor.

Niko se, naime, nije oko mene brinuo, a u međuvremenu se na beloj kafi obrazovao skorup, što mi je uvek izgledalo užasno, a i danas je još.

Toga dana se rodio moj dve i po godine mlađi brat, pa niko nije imao vremena za mene.

Još uvek mi pričaju da sam toga dana bila nesnošljiva; u podne sam bacila najomiljeniju tatinu čašu sa stola, prekodan sam više puta isprljala svoju haljinicu i od jutra do uveče bila u najrđavijem raspoloženju. I u svome besu sam iskidala lutkicu kojom sam se igrala prilikom kupanja.'"

Navedeni slučajevi jedva da iziskuju neki komentar. Bez daljeg analitičkog truda, oni potvrđuju da se ogorčenost deteta nad očekivanim ili dogođenim nastupom nekog konkurenta izražava u bacanju predmeta kroz prozor, kao i u obliku drugih akakta zloće i žeđi za razaranjem. U

54

prvom opažanju, „teški predmeti" simbolišu, svakako, samu majku prema kojoj se usmerava detetov bes dokle god novo dete nije još tu. Troipogodišnji dečak zna za majčinu trudnoću i ne sumnja u to da ona detetu pruža konak u svom telu. Ovde se moramo prisetiti „maloga Hansa"[8] i njegovog straha pred teško natovarenim kolima.[9] U drugom opažanju pažnju zaslužuje izuzetna detetova mladost, dve i po godine.

Ako se sada vratimo na Geteovu uspomenu iz detinjstva i na njeno mesto, u *Pesništvu i istini*, stavimo ono što verujemo da smo pogodili na osnovu posmatranja druge dece, tada iskrsava besprekorna sprega koju, inače, ne bismo otkrili. Onda, ona znači: bio sam srećno dete, sudbina me je održala u životu, iako sam gotovo mrtav došao na svet. No, pogodila je moga brata, tako da nije bilo potrebno ni s kim da delim majčinu ljubav. I zatim se nit misli produžava, ide prema nekom drugom, u to davno vreme preminulom, prema baki koja je, poput prijateljskog, spokojnog duha, živela u nekom drugom stanu.

No, na drugom mestu sam već rekao:[10] ako ste bili neosporni majčin miljenik, tad i tokom života održavate ono osvajačko osećanje, ubeđenost u uspeh, koje ne retko doista vodi do uspeha. I Gete je, s pravom, mogao da na čelu svog životopisa stavi napomenu ove vrste: Moja je snaga imala koren u mome odnosu prema majci.

---

[1] Ovaj rad, kao što se evocira i u samom tekstu, upućuje na dva predavanja koje je Frojd održao pred članovima Bečkog psihoanalitičkog društva, 13. decembra 1916. godine i 18. aprila 1917. godine. Kako Ernest Džons, autor Frojdove biografije, obaveštava, sam rukopis je okončan tek septembra 1917. godine, i to u vozu, prilikom autorovog povratka s letnjeg odmora u Tatrama. Tekst je prvi put objavljen u časopisu *Imago*, ali je datum publikovnja nepouzdan, budući da je časopis, zbog ratnih okolnosti, izlazio u to vreme veoma neredovno. O bitnim zaključnim elementima ovoga svoga teksta Frojd piše i u jednoj opširnoj napomeni koju je, 1919. godine, pridodao II poglavlju svoje studije (objavljene, u prevodu, i kod nas, u izdanju Matice srpske) o „jednoj uspomeni iz detinjstva Leonarda da Vinčija". – *Prim. prev.*

[2] (Dopunska napomena, 1924. godine:) Koristim se ovom prilikom da bih povukao jednu netačnu tvrdnju koju nije trebalo da iznesem. Na jednom daljem mestu te prve knjige, mlađi brat je, ipak, spomenut i opisan. To se dešava u kontekstu sećanja na neugodne dečje bolesti koje i taj brat „nije malo bolovao". „Bio je nežne prirode, tih i tvrdoglav, a mi nikada nismo imali pravi odnos. On jedva da je nadživeo dečje godine."

[3] Ova pričica o rodi se spominje i u Frojdovom *Tumačenju snova* (1900), u V poglavlju. – *Prim. prev.*

[4] Prolazna zabluda čija priroda ne može a da ne bude uočena. Nemoguće je ne shvatiti da je bolesnik već indukovan tendencijom odstranjivanja u pogledu brata. (Up. Ferenci: *O prolaznom formiranju simptoma tokom analize* [Ferenczi: *Über passagere Symptombildung während der Analyse*], tekstu objavljenom 1912. godine.

[5] Ovu nesigurnost, kao izraz otpora, vezanu za bitnu tačku u saopštenju, pacijent je gotovo odmah samostalno povukao.

[6] „On je uvek birao teške predmete."

[7] Frojd koristi, u izvorniku, francuski izraz za *pobaciti*. – *Prim. prev.*

[8] Tekst *Analiza fobije jednog petogodišnjeg dečaka*. [Članak o tom slučaju Frojd je obelodanio 1909. godine. – *Prim. prev.*],

[9] Za ovu simboliku trudnoće, pre nekog vremena, dala mi je jedna više nego pedesetogodišnja dama novu potvrdu. Neprekidno su joj pričali da je ona kao malo dete, jedva je umela da govori, sa uzbuđenošću vukla svog oca prema prozoru kad god bi neka kola natovarena teškim nameštajem prolazila ulicom. S obzirom na njene uspomene vezane za preseljavanje, može se utvrditi da je ona tada bila mlađa od dve godine i devet meseci. U to vreme se rodio njen po starosti joj najbliži brat, i stan su promenili zbog tog porodičnog prirasta. Skoro istovremeno, ona je često pred spavanje osećala strah pred nečim uznemiravajuće stranim [unheimlich] i velikim koje joj se primicalo, i pritom bi joj „ruke postajale veoma debele".

[10] I ovde, kao i u nizu drugih napomena, zahvaljujem priređivačima nemačkog studijskog izdanja na ukazivanje da Frojd aludira na jednu primedbu (koja je to „drugo mesto") što ju je 1911. godine pridodao VI poglavlju, negde pri kraju odeljka D, svoga *Tumačenja snova*. – *Prim. prev.*

PSIHOANALIZA I TELEPATIJA

[Psychoanalyse und Telepathie[1]]

Uvodna beleška

Izgleda da nam sudbina nije dala da mirno nastavimo s dogradnjom naše nauke. Jedva da smo pobednički odbili dva napada – jedan koji je ponovo hteo da pobije ono što smo osvetlili i koji je umesto svake sadržine pokazao jedino motiv svoga osporavanja, drugi koji je hteo da nas oblati da mi ne poznajemo prirodu te sadržine i da bi se lako mogla zameniti za neku drugu – jedva dakle da smo se osetili sigurnim pred tim neprijateljima, kad eto pred nama nove opasnosti, ovoga puta ponešto veličanstvene, elementarne, nešto što ne preti jedino nama, nego možda još više našim protivnicima. Izgleda da više nije moguće odbacivati istraživanje takozvanih okultnih pojava, onih stvari koje nam navodno jamče realnu egzistenciju psihičkih sila drukčijih od onih koje poznajemo kod ljudi i životinja, ili koje kod tih duša otkrivaju sposobnosti u koje se dosad nije verovalo. Stremljenje ka takvom istraživanju izgleda neosporno snažno; tokom ovog kratkog odmora tri puta sam imao priliku da odbijem saradnju u novoosnovanim časopisima posvećenim takvim izučavanjima. I verujemo da razumemo otkuda ova struja crpe svoju snagu. Osim što je izraz obezvređivanja koje je, počev od svetske katastrofe velikog rata, zahvatilo sve postojeće, ova struja je deo istraživanja onog velikog preokreta, s kojim se suočavamo, i čiji obujam još ne možemo da pogodimo, i sigurno je

57

pokušaj kompenzovanja da bi se na drugo, nadzemno, područje uvelo ono što je život na ovoj zemlji izgubio od draži. U stvari, mnogi procesi u samim egzaktnim naukama podsticali su takav razvoj. Otkriće radijuma koliko je proširilo toliko je i zaplelo mogućnosti objašnjavanja fizičkog sveta, a nedavno osvojeni uvid u takozvanu teoriju relativnosti imao kod njenih mnogih poštovalaca, koji je inače ne razumeju, učinak smanjivanja poverenja u objektivnu verodostojnost nauke. Sećate se da je i sam Ajnštajn tu skoro morao da protestuje protiv takvog nesporazuma.

Nije po sebi razumljivo da jačanje interesovanja za okultizam znači opasnost za psihoanalizu. Između to dvoje, naprotiv, trebalo bi očekivati obostranu simpatiju. Oboje su, naime, iskusili prezriv, nadmen tretman od strane oficijelne nauke. Psihoanaliza se i danas još sumnjiči za misticizam, a njeno nesvesno ubraja u stvari između neba i zemlje, o kojima školska nauka sebi ne dopušta ni da sanja. Mnogobrojni predlozi za saradnju, koji su nam stizali od strane okultista, svedoče da bi oni voleli da nas smatraju do pola njihovim i da računaju na našu podršku protiv pritiska autoriteta koji se pozivaju na egzaktnost. No, s druge strane, psihoanaliza nema nikakvog interesa da se žrtvuje za odbranu tog autoriteta, jer je i sama u opoziciji prema svemu konvencionalno ograničenom, zasnovanom, opšte prihvaćenom; ne bi bilo prvi put da je ona ponudila svoju pomoć tamnim ali nerazorivim slutnjama koje se zastupaju u narodu protiv mračnjaštva obrazovanih. Savez i zajednički rad analitičara i okultista čini se koliko bliskim toliko i bogatim u izgledima.

Kad se stvar, ipak, pobliže razmotri, pojavljuju se teškoće. Pretežna većina okultista nije terana žeđu za znanjem niti osećanjem stida što je nauka toliko dugo propuštala da nešto sazna o neospornim problemima, a ni potrebom da se osvoje nova područja pojava. Naprotiv, to su uvereni ljudi koji tragaju za potvrdama, koji bi želeli neko opravdanje da bi sebi otvoreno priznali svoje verovanje. Ali, verovanje, koje oni najpre sebi dokazuju a zatim bi hteli da ga nametnu i drugima, staro je religiozno verovanje koje je nauka, tokom razvitka čovečanstva, odbacila, ili neko drugo verovanje koje stoji još bliže prevaziđenim uverenjima ljudi primitivnih razdoblja. Analitičari, naprotiv, ne mogu da osporavaju da njihovo učenje vodi poreklo iz egzaktnih nauka niti da svi skupa pripadaju među zastupnike tih nauka. Krajnje nepoverljivi prema moći pobuđenih ljudskih želja, prema iskušenjima načela zadovoljstva, oni su spremni sve da žrtvuju da bi se domogli bar komadića objektivne izvesnosti: zasleplujući sjaj neke teorije bez mrlje, uznesena svest o posedovanju zaokruženog pogleda na svet, blaženi spokoj postignut delanjem čija je svrsishodnost i etičnost široko opravdana. Umesto toga oni se zadovoljavaju fragmentima saznanja i nepreciznim osnovnim pretpostavkama koje svaki čas preobličavaju. Umesto da vrebaju na momenat koji bi im dozvolio da se podvrgnu poznatim fizičkim i hemijskim zakonima, oni se nadaju manifestovanju širokih i dubokosežnih zakona prirode kojima bi bili spremni da se potčine. Analitičari su, u osnovi, nepopravljivi mehanisti i materijalisti, mada bi želeli da sačuvaju od pljačkanja još nepoznate osobenosti od onoga duševnog i duhovnog. U istraživanje okultne građe oni se upuštaju jedino zato što očekuju da će se time, konačno, razdvojiti tvorevine ljudske želje od materijalne realnosti.

Polazeći od njihovog tako različitog duhovnog ustrojstva, zajednički rad analitičara i okultista nudi malo izgleda na uspeh. Analitičar ima svoje područje rada, koje ne treba da napusti: nesvesno u psihičkom životu. Ako bi on, tokom svoga rada, hteo da vreba okultne fenomene, došao bi u opasnost da previdi sve ono što mu leži bliže. Izgubio bi svoju nepredubeđenost, nepristrasnost, nesklonost da bilo šta unapred iščekuje, što je sve predstavljalo bitan deo njegovog analitičkog amblema i prtljaga. Ako ga okultni fenomeni pritiskaju na isti način kao i ostali, on ih neće otklanjati ništa više nego ostale. To je, izgleda, jedina odluka koja je saglasna s delatnošću analitičara.

Od one, subjektivne opasnosti, da se njegovo interesovanje izgubi u okultnim fenomenima, analitičar se može zaštititi samosavladavanjem. Drukčije ide sa objektivnom opasnošću. Jedva se može sumnjati u to da bavljenje okultnim fenomenima ubrzo ima za posledicu potvrđivanje činjeničnosti jednog broja među njima; dâ se pretpostaviti da će mnogo vremena proći pre nego što se dospe do prihvatljive teorije o tim novim činjenicama. No, ljudi čije su uši žudno naćuljene neće toliko dugo da čekaju. Na prvi znak saglašavanja, okultisti će svoju stvar obznaniti kao pobedničku, verovanje u jednu tvrdnju protegnuće na sve ostale, pristajanje na fenomene proširiće i na njihova objašnjenja koja su im najdraža i najbliža. Metode naučnog istraživanja potrebne su im samo kao lestve da bi se popeli iznad nauke. Nesreće li, kad se popnu tako visoko! I nikakva skepsa onih što okolo stoje i slušaju neće ih zabrinuti, nikakav prigovor mnoštva zaustaviti. Svi će ih pozdraviti kao oslobodioce od neugodne prinude mišljenja i biće im poklonjeno poverenje koje spremno čeka još od dečjih dana čovečanstva i dečjih godina pojedinca. Užasan slom kritičkog mišljenja, zahtevi determinizma, mehanicistički karakter nauke mogao bi onda da se pokaže. Da li bi to tehnika mogla da spreči svojom postojanom privrženošću rasponu snage, masi i kvalitetu svoje građe?

Uzaludna je nada misliti da bi analitički rad, koji se upravo odnosi na tajanstveno nesvesno, mogao da izmakne takvom slomu vrednosti. Ako im duhovi bliski ljudskom daju poslednja objašnjenja, onda mogu naporni pristupi analitičkog istraživanja nepoznatim psihičkim silama ostati bez ikakvog interesa. I putevi analitičke tehnike će biti napušteni, utoliko pre ako postoji zračak nade da bi se preko okultnih dispozicija mogla uspostaviti neposredna veza s duhovima koji su na delu, baš kao što se napuštaju običaji strpljivog i minucioznog rada ako postoji zračak nade da vas uspela spekulacija može obogatiti jednim potezom. Tokom ovog rata slušali smo o osobama koje su stajale između dve neprijateljske nacije, pripada jući jednoj po rođenju, drugoj po izboru o boravištu; njihova je sudbina bila da ih jedna smatra neprijateljima, a zatim i druga kad bi od prve srećno izmakli. Sudbina se, međutim, mora podnositi, kakva god da je. I psihoanaliza će se već nekako prilagoditi svojoj. Vratimo se sadašnjem trenutku i neposrednom zadatku. Tokom poslednjih godina učinio sam nekoliko zapažanja koja ne želim da zadržim za sebe barem u krugu najbližih. Odbojnost prema prilagođavanju jednoj dominantnoj struji doba, briga da se ne proneveri intresovanje za psihoanalizu i apsolutni nedostatak diskretnog prikrivanja, sadejstvuju kao motivi za odustajanje da se mome saopštenju da širi publicitet. Za ovaj materijal polažem pravo na dve retke povlastice. Prvo, izvan sumnje je i neizvesnosti, kojima podležu većina zapažanja okultista, a kao drugo – svoju dokaznu snagu razvija tek pošto je podvrgnut analitičkoj obradi. Sastoji se, u stvari, samo iz dva slučaja koji imaju opšti karaktter; treći slučaj je druge vrste, pridodan samo u dodatku, i pogodan za drukčije prosuđivanje. Oba slučaja koja ću sada opširno izložiti tiču se događaja iste vrste, proricanja profesionalnog predskazivača koja se *nisu* obistinila. Ona su, uprkos tome, učinila izvanredan utisak na osobe kojima su bila obznanjena, tako da odnos prema budućnosti ne može biti ono suštinsko u njima. Svaki doprinos njihovom objašnjenju, kao i svaka sumnja u njihovu dokaznu snagu, biće za mene izuzetno dobrodošli. Moj lični stav prema toj građi ostaje uzdržan, ambivalentan.

I

Nekoliko godina pre rata, došao je k meni radi analize mladić iz Nemačke, žaleći se da je nesposoban za posao, da je sve zaboravio iz svoga života, izgubio svako interesovanje. Bio je student filozofije u Minhenu, pripremao je svoje ispite; uostalom, bio je visokoobrazovani prevarant, detinjasti lupež, sin finansijera koji je, kako se kasnije pokazalo, srećno prerađivao kolosalnu analnu erotiku. Na pitanje da li mu je, ipak, išta iz njegovog života ili kruga interesovanja ostalo u pamćenju, priznao je da se seća plana jednog romana kojeg je imao u nacrtu, a čija se radnja dešavala u Egiptu u doba Amenhotepa IV, i u kojoj je izvestan prsten igrao zanačajnu ulogu. Vezali smo se za taj roman, a prsten se pokazao kao simbol braka, počev od čega smo uspeli da osvežimo sva njegova sećanja i interesovanja. Proizilazilo je da je njegov slom bio posledica jednog velikog psihičkog prevazilaženja. Imao je jednu jedinu, nekoliko godina mlađu sestru, za koju se vezao potpunom, sasvim neskrivenom ljubavlju. Zašto se ne bismo mogli venčati? – često se tako među njima govorilo. No, njihova nežnost ni u jednom trenutku nije prešla meru dopuštenu između sestre i brata.

U tu sestru zaljubio se neki mladi inženjer. Ona mu je uzvraćala, ali on nije našao milost u očima njenih roditelja. U svojoj nevolji par se obratio bratu za pomoć. Ovaj je preuzeo stvar zaljubljenih, služio im kao posrednik u prepisci, olakšavao njihove susrete kada je bio kod kuće na raspustu, a uticao je, konačno, i na roditelje da pristanu na vereništvo i sklapanje braka između zaljubljenih. Tokom vereništva dogodilo se jednom nešto izuzetno sumnjivo. Brat se sa svojim budućim zetom uputio na izlet na Cugšpice, pri čemu je on bio vodič, ali su obojica zalutala u planini i bili u opasnosti da se survaju – samo s mukom su se spasli. Pacijent mi nije mnogo protivrečio kada sam tu pustolovinu protumačio kao pokušaj ubistva i samoubistva. Nekoliko meseci posle sestrinog venčanja, mladić je započeo svoju analizu.

Posle pola do tričetvrt godine, potpuno sposoban za rad, napušta analizu da bi položio svoje ispite, napisao svoju disertaciju i vratio se godinu dana kasnije kao doktor filozofije radi nastavka analize, jer – rekao je – za njega je, kao filozofa, psihoanaliza imala interes koji je prevazilazio njen uspeh kao terapeutike. Znam da se vratio oktobra. Nekoliko sedmica kasnije, ispričao mi je, u nekom kontekstu, sledeći doživljaj.

U Minhenu živi predskazivačica koja uživa veliki ugled. Bavarski kneževi se brinu da se posavetuju s njom kad im predstoji neki poduhvat. Ona ne traži ništa drugo osim da joj se kaže datum. (Propustio sam da pitam da li joj se pritom kazuje i godina.) Pretpostavljalo se da je datum – datum rođenja neke određene osobe, ali ona ne pita koje. Znajući taj datum, ona bi listala astrološke knjige, nešto nadugačko računala i davala, konačno, proročanstvo koje se ticalo te osobe. Pacijent je, poslednjeg dana marta, odlučio da potraži predskazivačicu i rekao joj datum rođenja svoga zeta, ne imenovavši ga razumljivo, i ne davši da se nasluti da je na njega mislio. Proročanstvo je bilo: ta osoba će sledećeg jula ili avgusta umreti od trovanja rakovima ili ostrigama. Pošto mi to ispriča, dodade: To je bilo veličanstveno!

Ne razumevajući, odvratih mu žestoko: šta u tome vidite veličanstveno? Vi ste sada već više sedmica kod mene; da je Vaš zet stvarno umro, ispričali biste mi to mnogo ranije; dakle, on je još živ. Proročanstvo je izrečeno u martu, trebalo je da se ispuni usred leta, a sada smo u novembru. Ono se, dakle, nije ispunilo, pa šta u tome vidite čudesno?

On će na to: razume se, to se nije dogodilo. Ali, ono što je značajno u tome jeste da je moj zet veliki ljubitelj rakova, ostriga i sl., a doista je *prethodog* avgusta imao trovanje rakovima i gotovo je umro. Više o tome nije bilo reči.

Hoćete li da sada sa mnom prodiskutujete ovaj slučaj.

Verujem u pripovedačevu verodostojnost. Valja ga uzeti sasvim ozbiljno. On je sada profesor filozofije u K. Ne znam ni za kakav motiv koji bi ga naveo da mi mistifikuje. Priča je bila samo epizoda i bez tendencioznosti; za to se više nije vezivao, niti izvlačio neke zaključke. Nije imao nameru da me uveri u egzistenciju okultnih psihičkih fenomena, čak sam imao utisak da njemu nije uopšte bilo jasno značenje njegovog doživljaja. Ja lično sam bio toliko iznenađen, zapravo nesnosno uzbuđen da sam se odrekao analitičkog procenjivanja njegovog saopštenja.

Zapažanje mi izgleda neosporno i u drugom smeru. Sigurno je da predskazivačica nije poznavala onoga ko ju je pitao. Zapitajte se, pak, i sami koji stepen intimnosti je neophodan da bi se znao datum rođenja zeta njenog poznanika. S druge strane, svakako biste se svi složili sa mnom da najtvrdoglavije sumnjate da se nekom formulom, pomoću nekih tablica, na osnovu datuma rođenja, može zaključivati potanko o sudbini, o detalju kakav je oboljenje usled trovanja rakovima. Ne zaboravimo koliko je ljudi rođeno rečenog dana; smatrate li mogućnim da u sudbinama čije je zajedništvo zasnovano na datumu rođenja sličnost može da dostigne takvu potankost? Usuđujem se, dakle, da astrološku računicu sasvim isključim iz diskusije; verujem da je predskazivačica mogla da učini bilo šta drugo a da to ne utiče na rezultat savetovanja. Izgleda mi i da je, dakle, izvan spora pretpostaviti neki izvor obmanjivanja od strane predskazivačice, drukčije rečeno: medijuma.

Složite li se sa činjeničnošću i verodostojnošću ovoga zapažanja, tada smo na domaku njegovog objašnjenja. I odmah biva jasno, kao i za većinu takvih fenomena, da njegovo objašnjenje na osnovu okultnih pretpostavki zadovoljava na izuzetan način, da bez ostatka pokriva ono što valja objasniti, samo kad ne bi ono samo po sebi bilo tako nezadovoljavajuće. Predskazivačica nije mogla da zna da je čovek rođen datog dana bio otrovan rakovima, nije mogla da to nauči iz svojih tablica i računica. Onaj koji je pitao, to je, naprotiv, znao. Slučaj se objašnjava bez ostatka ukoliko prihvatamo da je to znanje bilo njoj, navodnoj proročici, preneseno nepoznatim putem, isključujući nama poznata sredstva opštenja. Znači, mogli bismo da izvučemo zaključak: postoji prenos misli. Astrološki rad predskazivačice tu je odigrao ulogu aktivnosti koja odvraća i neškodljivo zapošljava njene sopstvene psihičke snage tako da je ona mogla da prima i prenosi dejstvujuće misli drugog, postavši pravi „medijum“. Slične sticaje poznajemo, na primer, u slučaju vica kada se radilo o tome da se nekom psihičkom procesu osigura automatskije rasterećenje.

No, analiza opskrbljuje ovaj slučaj još i viškom značenja. Uči nas da putem indukcije nekoj drugoj osobi nije saopšten bilo koji deo ravnodušnog znanja, nego da izvanredno snažna želja neke osobe, želja koja stoji u posebnom odnosu s njegovom svešću, može za sebe pomoću druge osobe da izbori svesni, lakim velom prekriveni izraz, baš nalik tome kada nevidljivi obris utvare ostavlja na fotosenzibilnoj ploči nešto poput vidljivo obojenog produžetka. Verujem da bi se mogao rekonstruisati tok misli mladića posle bolesti i ponovnog uspostavljanja omraženog zeta kao suparnika. Pa dobro, on je ovoga puta izmakao, ali ipak nije prestao sa svojom opasnom sklonošću, te se *nadamo* da će se idući put zakopati. Ovo „nadamo" premestilo se u proročanstvo. Nasuprot ovome, mogao bih da vam saopštim san druge osobe u kojem se proročanstvo pojavilo u obliku materijala, a analiza sna pokazuje da se sadržaj proročanstva poklapa sa ispunjenjem želje.

Ne mogu da pojednostavim svoj iskaz time što bih označio kao nesvesno potisnutu želju moga pacijenta za smrću njegovog zeta. Jer, on je tokom lečenja prethodne godine postao svestan, a posledice koje su proizilazile iz njenog potiskivanja ustuknule su. No, ona je još ustrajavala, ne više patogeno, ali dovoljno intenzivno. Mogla bi se opisati kao „suzbijena" želja.

II

U gradu F. raslo je dete kao najstarije od petoro, sve samih devojčica. Najmlađa je imala deset godina manje od te najstarije. Nju je ona još kao bebu ispustila iz ruku, a kasnije je naziva „svojim detetom". Po godinama njena najbliža sestrica dolazi odmah za njom; obe su rođene iste godine. Majka je starija od oca, neprijatnog, koji se – mlađi ne samo po godinama – mnogo bavi svojim malim devojčicama, i imponuje im svojim veštinama. Na žalost, on inače ne imponuje, neuspešan je kao poslovni čovek, ne uspeva da porodicu izdržava bez pomoći rođaka. Najstarija od devojaka je ubrzo preuzela na sebe sve brige koje su proisticale iz njegovih slabih prihoda.

Pošto je prevazišla strogost i strasnost svog dečjeg karaktera, ona izrasta u pravo ogledalo vrline. Njen veliki moralni *pathos* propraćen je jako ograničenom inteligencijom. Postala je učiteljica, biće veoma poštovana. Plašljiva naklonost prema njoj jednog mladog rođaka, koji je učitelj muzike, ne dira je. Nijedan drugi muškarac nije još pobudio njeno zanimanje.

Jednog dana pojavljuje se jedan majčin rođak, znatno stariji od devojke, ali kako ona ima tada samo 19 godina – on je još mlad čovek. Stranac je, živi u Rusiji gde rukovodi velikim trgovačkim preduzećem i postao je veoma bogat. Bio je potreban ništa manje nego jedan svetski rat i pad najveće despotije da bi on osiromašio. On se zaljubljuje u mladu, strogu rođaku i hteo bi da je uzme za ženu. Roditelji je nisu terali, ali ona razume šta roditelji žele. Iza svih moralnih ideala nazire se kod nje ispunjenje fantazmatske želje da pomogne ocu, da ga spase iz njegovih nevolja. Ona računa da će njen muž pomoći oca novcem ukoliko on krene s trgovinom, da će mu obezbediti rentu kada on konačno prestane s poslom, a sestrama dati miraz i opremu da bi se mogle udati. I ona se zaljubljuje u njega, udaje se i ubrzo potom odlazi s njim u Rusiju.

Osim nekoliko malih događaja koji nisu neposredno razumljivi, i koji će dobiti značenje tek retrospektivno, sve teče najbolje u tom braku. Ona je nežno zaljubljena, čulno zadovoljena žena, proviđenje svoje porodice. Samo jedno nedostaje, bez dece je. Sada ima 27 godina, udata je već 8 godina. Živi u Nemačkoj i evo, pošto je savladala sva oklevanja, polazi kod tamnošnjeg ginekologa. Ovaj joj obećava, sa uobičajenom nepromišljenošću specijaliste, uspešno izlečenje ako se podvrgne maloj operaciji. Ona je spremna, i o tome govori veče uoči sa svojim mužem. Sumrak je, ona hoće da upali svetlo. Muž je moli da to ne čini, ima nešto da joj kaže, za to mu je draži mrak. Ona bi trebalo da otkaže operaciju, krivica što nemaju dece leži na njemu. Za vreme nekog medicinskog kongresa, pre dve godine, on je saznao da izvesne bolesti mogu da liše muškarca sposobnosti za oplođenje, a ispitivanje je onda pokazalo da je njegov slučaj baš takav. Posle tog otkrića, za operaciju nema razloga. U tom trenu u njoj dolazi do sloma, kojeg ona uzaludno pokušava da sakrije. Ona je mogla da ga voli samo kao zamenu za oca, a sada je shvatila da on nikada ne može da bude otac. Pred njom se otvaraju tri puta, sva tri podjednako nepraktična: nevernost, odricanje od deteta, rastava od muža. Poslednjim ne može da se uputi iz najpraktičnijih razloga, drugim ne može iz veoma snažnih nesvesnih, koje vi lako pogađate. Čitavo njeno detinjstvo bilo je predominirano tri puta zavaranom željom da dobije dete od oca. Tako joj ostaje onaj izlaz zbog kojeg će ona za nas biti tako zanimljiva. Pada u tešku neurozu. Neko vreme se brani od različitih iskušenja pomoću histerije straha, zatim se sunovraćuje u teške opsesivne radnje. Boravi u kliničkim ustanovama i, posle desetogodišnjeg trajanja njene bolesti, dolazi konačno k meni. Njen najupadljiviji simptom bio je da u krevetu pribadačama pričvršćuje svoj veš za pokrivače. Tako je ona otkrila tajnu onoga što ju je ostavilo bez dece, zaraženost njenog muža.[2]

Jednom mi je ta pacijentkinja pričala – imala je tada možda četrdeset godina – o doživljaju iz vremena s početka njenog potresa, pre nego se pomolila njena opsesivna neuroza. Da bi je razonodio, muž ju je poveo na svoje poslovno putovanje u Pariz. U predvorju hotela par je sedeo s jednim muževljevim poslovnim prijateljem kad opaziše izvesnu gužvu u prostoriji. Od hotelskog službenika ona saznade da je došao g. profesor koji ordinira u svojoj sobici blizu ulaza. G. profesor je veliki predskazivač; on ne postavlja pitanja, nego traži od posetioca da stavi svoju ruku u činiju punu peska i na osnovu tog otiska proriče budućnost. Ona izjavi da bi i ona htela da tamo uđe da joj proriču, ali ju je muž odvraćao govoreći da je to besmisleno. No, kada je on izišao sa svojim poslovnim prijateljem ona skide s prsta burmu i ušunja se u predskazivačev kabinet. Ovaj je dugo izučavao otisak ruke i onda joj je rekao: „Ubrzo ćete imati velike bitke, ali će se sve dobro završiti, udaćete se i sa trideset dve godine imati dva deteta." Tu mi je povest ona ispričala očigledno zadivljena i ne razumevajući. Kada sam primetio da je, na žalost, rok proročanstva već prekoračen za osam godina, to na nju nije učinilo nikakav utisak. Mogao sam za sebe da mislim da se ona možda divila samopouzdanoj drskosti tog predviđanja, „rabinovog zavirivanja".

Moje pamćenje, inače pouzdano, na nesreću nije sigurno da li je prvi deo proročanstva glasio: sve će se dobro završiti, udaćete se, – ili: bićete srećni. Moja pažnja suviše se koncentrisala na zaključnu rečenicu s njenim upadljivim pojedinostima. U stvari, prve rečenice o bitkama koje će se dobro završiti poklapaju se s neodređenim načinom govora koji se sreće u svim proročanstvima, čak i u onima koje se mogu kupiti kao gotova. Utoliko se upadljivije izdvajaju dva brojčana određenja u zaključnoj rečenici. Sigurno ne bi, međutim, bilo bez interesa znati da li je Profesor stvarno govorio o njenom *venčanju*. Ona je, doduše, uklonila burmu i s dvadeset i sedam godina izgledala veoma mladoliko i lako se mogla smatrati devojkom, ali, s druge strane, nije bilo potrebno mnogo istančanosti da bi se na prstu otkrio trag prstena. Ograničimo se na problem završne rečenice koja joj je obećavala dva deteta u starosti od 32 godine.

Ti detalji izgledaju sasvim proizvoljni i neobjašnjivi. Ali i najlakovernija osoba jedva da će preduzeti da ih izvede na osnovu tumačenja linija na dlanu. Svoje nesumnjivo opravdanje oni bi našli da ih je sudbina potvrdila, ali to se nije desilo; žena je imala 40 godina i nijedno dete. Odakle su, onda, vodile poreklo i šta su značile te brojke? Sâma pacijentkinja nije o tome imala nikakvu ideju. Najprostije je bilo precrtati pitanje i događaj odložiti među mnoga druga besmislena, navodno okultna saopštenja. To bi, svakako, bilo lepo, najprostije rešenje i najželjenije olakšanje ako ne bi, na sreću moram da kažem, upravo analiza bila u stanju da pruži objašnjenje za obe te brojke i, uz to, takvo koje bi potpuno zadovoljavalo, kao što je to očigledno za datu situaciju. Obe se brojke, naime, savršeno uklapaju u životopis majke naše pacijentkinje. Ova se udala tek posle svoje tridesete godine i u svojoj trideset i drugoj godini upravo, za razliku od uobičajene ženske sudbine i takoreći da bi nadoknadila kašnjenje, donela na svet dvoje dece. Proročanstvo je, dakle, lako prevesti: ne sekiraj se što još do sada nisi dobila decu, to ništa ne znači, još uvek možeš da imaš sudbinu tvoje majke koja u tvojim godinama uopšte nije ni bila udata, a ipak je, s trideset i dve godine, imala dvoje dece. Proročanstvo joj je obećavalo ispunjenje onog poistovećenja s majkom koje je bilo tajna njenog detinjstva, i to kroz usta predskazivača koji nikako nije znao sve okolnosti njenog ličnog života, baveći se otiskom u pesku. Dozvoljeno nam je, stoga, da kao pretpostavku za ovo u svakom smislu nesvesno ispunjenje želje da izvedemo: ti ćeš se smrću otarasiti svoga nekorisnog muža ili ćeš smoći snage da se od njega razvedeš. Priroda opsesivne neuroze bolje je odgovarala prvoj mogućnosti, a drugu su nagoveštavale pobednički izvojevane bitke o kojima je govorilo proročanstvo.

Prepoznajete da je uloga analitičkog tumačenja ovde još značajnija nego u prethodnom slučaju; moglo bi se reći da je tek ono stvorilo okultnu činjenicu. Saglasno tome, navedenom primeru morali bismo takođe pripisati upravo silnu dokaznu snagu o mogućnosti prenošenja neke intenzivne nesvesne želje, zajedno s mislima i znanjima koji joj pripadaju. Vidim samo jedan put da se izmakne prinudi ovog slučaja i neću ga, sigurno, prećutati. Moguće je da je pacijentkinja, u periodu od 12 ili 13 godina koje su protekle između proricanja i njene priče, tokom lečenja obrazovala lažnu uspomenu da je Profesor izneo samo nešto uopšteno, bezbojno i utešno, što nije moglo da izazove nikakvo čuđenje, a da je ona postepeno iz svoga nesvesnog umetala brojke pune značenja. Onda bi nestala stvar koja bi da nas nagna na tako teške posledice. Radije bismo da se poistovetimo sa skeptičarem koji takvo saopštenje udostojava kao vredno jedino ako je ono neposredno usledilo posle doživljaja. Možda čak i tada ne bez skrupula. Sećam se da sam, posle svog naimenovanja za profesora, zatražio kod ministra audijenciju da bih mu se zahvalio. Vraćajući se s te audijencije, zatekao sam se u pokušaju da iskrivotvorim reči koje smo on i ja razmenili, i nikada više nisam uspeo da se doista i tačno setim kako je tekao naš razgovor. Vama moram da prepustim da odlučite da li je moje objašnjenje bilo održivo. Ne mogu više ni da ga pobijem ni da ga dokažem. Tako i ovo drugo zapažanje, premda po sebi izražajnije nego prvo, ne bi moglo ništa više nego samo da bude izuzeto od sumnje.

Oba se slučaja, koja sam vam izložio, tiču dva neispunjena proročanstva. Verujem da bi takva zapažanja mogla da predstavljaju najbolji materijal za pitanje o prenošenju misli i želeo bih da vas podstaknem da sakupljate slična. Pripremio sam za vas primer iz materijala drukčije vrste, slučaj pacijenta posebnog kvaliteta koji mi je, tokom jednog časa, rekao stvari koje se na najuočljiviji način ukrštaju s doživljajem koji se meni desio neposredno pre toga. No, potrebno je da dobijete opipljivi dokaz za to da se ja, uz najveći otpor, bavim ovim pitanjem okultizma. Kada sam u Gaštajnu tragao za beleškama, koje sam sakupio i poneo sa sobom radi izrade ovog referata, nisam našao list na kojem sam bio zabeležio ovo poslednje zapažanje, nego neki drugi ponet zabunom, na kojem su bili irelevantni zapisi sasvim druge vrste. Nema šta da se učini protiv tako jasnog otpora, pa vam za taj slučaj moram ostati dužan, jer mi ga je nemoguće dozvati iz sećanja. Želim, naprotiv, da pridodam nekoliko napomena o slučaju jedne veoma poznate osobe u Beču, grafologa Rafaela Šermana, kome se pripisuju najčudesnija dela. On je, po kazivanjima, u stanju ne samo da odredi, na osnovu rukopisa, karakter osobe, nego i da, pri tome, da njen opis i predvidi stvari za nju vezane koje je kasnije sudbina potvrđivala. Dobar broj njegovih uspešnih podviga počiva, svakako, na njegovim sopstvenim pričama. Jednom je jedan od mojih prijatelja, bez moga prethodnog znanja, pokušao da ga pusti da fantazira na osnovu fragmenta moga rukopisa. Jedino što je rekao bilo je da je to rukopis – lako je pogoditi – nekog starog gospodina, s kojim je teško živeti, jer je nepodnošljivi kućni tiranin. Jedva da bi to moji ukućani potvrdili. Ali, poznato je da u okultističkom području važi lagodno načelo da negativni slučajevi ništa ne dokazuju.

Nikada nisam direktno posmatrao Šermana, ali sam, ipak, posredstvom jednog pacijenta, u vezi sa njim a da on to i ne zna. O tome bih da vam još nešto ispričam. Pre nekoliko godina došao je kod mene mladić koji je na mene načinio izuzetno simpatičan utisak, tako da sam mu bio skloniji nego mnogima drugima. Radilo se o nekom ko je bio spleten u tesnoj vezi s jednom od najpoznatijih kurtizana i koje je on želeo da se oslobodi, jer mu je oduzela svu samostalnost, a da to nije uspevao. Uspelo mi je da ga oslobodim i da, istovremeno, dobijem puni uvid u njegovu opsesiju. Pre nekoliko meseci, on je sklopio normalan, građanski, zadovoljavajući brak. Analiza je ubrzo otkrila da opsesija, protiv koje se on borio, nije bila vezana za kurtizanu, nego za ženu iz njegovog sopstvenog kruga, s kojom je bio povezan još od svoje najranije mladosti. Kurtizana je bila tu samo poput predmeta za ruganje da bi na njoj izdovoljio svu svoju omrazu i ljubomoru koja je bila zapravo upućena voljenoj. On je potom, nama dobropoznatim postupkom, pomerio svoju ambivalenciju na novi objekat, rešavajući se svoje inhibicije.

Tu je kurtizanu, koja se i sama gotovo nekoristoljubivo u njega zaljubila, mučio on sada na najrafinovaniji način. No, kada ona više nije mogla da podnese svoju muku, onda je on na nju prenosio nežnost koju je osećao za svoju ljubav iz mladosti, obdarivao je, ponovo zadobijao njenu naklonost i krug je opet započinjao. Kada je, konačno, pod dejstvom lečenja, uspeo da s njom prekine, postalo je jasno da ono što je on pokušavao da postigne kod tog surogata voljene jeste zadovoljština za sopstveni pokušaj

71

samoubistva u mladosti, u trenutku kada kod voljene nije nailazio ni na kakav odziv. Posle tog pokušaja samoubistva, on je konačno uspeo da osvoji svoju prvu ljubav. U vreme trajanja tretmana, on je pošao da potraži njemu poznatog Šermana, koji mu je, na osnovu fragmenata rukopisa galantne dame, rekao da je ona na rubu snaga, na ivici samoubistva, i da će sasvim brzo to i učiniti. Međutim, ona to nije učinila, nego se otarasila svoje ljudske slabosti i prisetila se osnovnih načela svog poziva i svojih obaveza prema zvaničnom prijatelju. Bilo mi je jasno da je čarobnik mome pacijentu izneo jedino njegovu intimnu želju.

Pošto se izvukao iz svoje opsesivne vezanosti za osobu koja je zauzimala samo proscenijum, moj pacijent se ozbiljno poduhvatio da se oslobodi svojih pravih lanaca. Po njegovim snovima pogodio sam plan koji se u njemu obrazovao kako bi se rešio vezanosti za svoju mladalačku ljubav a da se ona teško ne razboli ili je materijalno ne ošteti. Ona je imala ćerku koja je gajila nežnu naklonost za jednog mladog kućnog prijatelja i koja, navodno, ništa nije znala o svojoj tajnoj ulozi. Tu je devojku on hteo da oženi. Ubrzo je taj plan postao svestan, i muškarac je preduzeo prve korake ka njegovom ostvarivanju. Podržavao sam njegovu nameru koja je nudila neregularan, ali uvek mogućan izlaz iz teške situacije. No, ubrzo dođe mu san u kojem se iskazivalo neprijateljstvo prema devojci, i on se iznova posavetovao sa Šermanom koji mu iznese mišljenje da je devojka detinjasta, neurotična i ne bi trebalo da je oženi. Veliki poznavalac ljudi je ovoga puta imao pravo: ponašanje devojke, koja se već smatrala verenicom toga čoveka, postajalo je sve protivrečnije, i zaključeno je da je dovedu na analizu. Rezultat analize bio je da ona odustaje od svog plana za udaju. Devojka je imala puno nesvesno znanje o odnosima između svoje majke i njenog verenika, za kojeg se ona, najposle, bila i vezala usled svog Edipovog kompleksa.

Negde u to doba naša analiza je bila prekinuta. Pacijent je bio oslobođen i sposoban da sam nastavi svojim putem. Za ženu je izbrao poštovanu devojku, izvan svog porodičnog kruga, o kojoj je Šerman izneo povoljan sud. Možda je i tog puta opet imao pravo. Razumeli ste u kom smislu sam želeo da protumačim svoja iskustva sa Šermanom. Vidite da sav moj materijal raspravlja o jednoj jedinoj tački indukovanja misli; o svim ostalim čudima, što ih tvrdi okultizam, nemam ništa da kažem. Moj sopstveni život, kao što sam već javno izneo, bio je naročito siromašan u okultnom pogledu. Možda vam problem prenosa misli izgleda neznatan u poređenju s velikim čarobničkim svetom okultnog. Pomislite jedino koliko je već takva pretpostavka bila po posledicama težak korak iznad našeg stanovišta. Ostaje istinito ono što kustos iz Sv. Denija uobičajava da doda priči o svečevom mučeništvu. Pošto su mu odsekli glavu, sveti Deni treba da je podigne i s njom u rukama ide još čitav jedan komad puta. Kustos bi na to primećivao: *Dans des cas pareils, ce n' est que le premier pas qui coûte.*[3] Dalje ide samo od sebe.

---

[1] Naslov ovom tekstu su dali priređivači Frojdovih *Sabranih dela* koja su se 1941. godine pojavila, posle autorove smrti. Originalni rukopis u zaglavlju nosi datum „2. Aug. 21.", a na kraju „Gastein, 6. Aug. 21". Po belešci koja prethodi nemačkom izdanju tvrdi se da je tekst „bio napisan za sastanak Izvršnog odbora Međunarodnog psihoanalitičkog udruženja koji se održao u planinskom masivu Harc, početkom septembra 1921. godine. No, Ernest Džons, koji je u to doba bio predsednik Izvršnog odbora, izjavljuje da se to telo nije sastajalo rečenog datuma u Harcu, ali da je tamo bio sastanak najbližih Frojdovih učenika, Abrahama, Ajtingona, Ferencija, Ranka, Zaksa i samog Džonsa. Toj neformalnoj grupi je Frojd pročitao svoj rad.

Frojd je planirao da u ovom svom tekstu izloži tri slučaja, ali kada je počeo da radi opazio je da je građu za treći slučaj ostavio u Beču, pa se osetio obaveznim da kao zamenu ponudi materijal donekle različit. „Treći slučaj" je ipak preživeo u obliku posebnog teksta, s naslovom *Postscript*. To je slučaj u kojem se govori o vezi izvesnog doktora Forsajta i naslova poznatog ro-

73

mana Džona Golsvortija *Saga o Forsajtima* (Forsyte Saga), i u celosti se navodi kao poslednji od primera u tridesetom od Frojdovih *Novih predavanja*. Razlike između *Postscripta* i primera iz *Novih predavanja* su više nego minimalne, tek tu i tamo u ponekoj formulaciji. Zato ovde i nije preveden rečeni *Postcript*.

Ovaj tekst, prevedeni, prvi je Frojdov tekst o telepatiji i nikada nije, kao što je istaknuto, objavljen za autorova života. Međutim, glavnina njegove građe se pojavljivala u različitim vidovima i u potonjim tekstovima o istoj temi. Reč je o tekstovima *San i telepatija* (1922) (koji je izazvao znatnu pažnju Valtera Benjamina, očiglednu iz jednog od njegovih pisama svojoj rodaci, ženi Teodora V. Adornoa) i *Okultno značenje snova* (1925). Ovaj drugi tekst, više beleška, bio je, po svemu sudeći, namenjen da bude uključen u *Tumačenje snova*. Najzad, tu je predavanje s naslovom *San i okultizam*, već spomenuto, iz *Novih predavanja* (1932). Povodom tog predavanja vredi zapaziti da Frojd više ne oseća sumnje na koje se, međutim, eksplicitno poziva u ovde prevedenom tekstu. Više nema bojazni. Kao da je dalje, posle prvog teškog koraka, sve išlo lakše. Inače, problematiku okultnog, kako ju je tumačio Frojd, sa osobitim težištem na prenosu misli, počev od ovog teksta, izložili su u izvrsnoj knjizi Vladimir Granof i Žan-Mišel Rej (Wladimir Granoff, Jean-Michel Rey: *L'occulte, objet da la pensée freudienne*, PUF, 1983). Ta mi je valjana i zanimljiva knjiga, svojim interpretativnim zahvatom, bila takođe od velike pomoći prilikom prevođenja teksta. – *Prim. prev.*

[2] Na nemačkom se pričvrstiti, pribosti, kaže *anstecken*, a zaraza – *Ansteckung*. Obe reči su se pojavile u pacijenkinjinom govoru, zahvaljujući čemu je analitičar mogao da nasluti poreklo simptoma. U jeziku se otkrila tajna bolesti. – *Prim. prev.*

[3] Ova rečenica je napisana na francuskom jeziku, u izvornom tekstu. U prevodu glasi: *U takvim slučajevima, samo je prvi korak težak.* – *Prim. prev.*

MEDUZINA GLAVA
[Das Medusenhaupt[1]]

Nismo često pokušavali da tumačimo pojedinačne mitološke tvorevine. Tumačenje je moguće u slučaju grozne, odsečene Meduzine glave.

Odsecanje glave = škopljenje. Užasavanje od Meduze je, dakle, užasavanje od škopljenja koje je povezano s tom vizijom. Iz mnogobrojnih analiza poznata nam je ta pojava; do nje dolazi kada neki dečak, koji dotle nije hteo da veruje u tu pretnju, vidi ženski genitalni organ. Verovatno organ odrasle žene pokriven dlakama, pretežno majčin.

U umetničkim delima kosmatost Meduzine glave često predstavljena u vidu zmija koje potiču iz kastracionog kompleksa i, značajno je, dok same po sebi već izazivaju užasavanje, one ipak, u zbilji, ublažavaju grozu, jer zamenjuju penis čije je odsustvo uzrok groze. – Odatle ishodi tehničko pravilo: umnožavanje simbola penisa znači škopljenje.

Pogled na Meduzinu glavu pretvara užasnutog posmatrača u kip, skamenjuje ga, ukrućuje. Tu nam je opet dat sam izvor kastracionog kompleksa i samo preobraćanje afekata! Jer, ukrućivanje znači erekciju, dakle – u izvornoj situaciji – utehu posmatraču. On još uvek ima penis, a u to ga uverava njegovo ukrućivanje.

Taj simbol groze nosi devičanska boginja Atina na svojoj odeći. Kao što je pravo, ona time biva nepristupačna žena, zaštićena od svake seksualne žudi. Ona obelodanjuje, ipak, zastrašujuću majčinu genitaliju. Zbog svoje jake homoseksualne sklonosti, Grci nisu mogli a da nemaju predstavu žene obeležene uškopljenošću.

Ako Meduzina glava zamenjuje predstavu ženske genitalije, štaviše izoluje njen učinak koji pobuđuje grozu, od njenog učinka koji pobuđuje zadovoljstvo, onda se možemo podsetiti da je pokazivanje genitalnih organa poznato takođe kao apotropaički gest. Ono što samo po sebi izaziva grozu, ispoljiće se sa istim učinkom na neprijatelja od kojeg bismo da se odbranimo. Kod Rablea, na primer, đavo bezglavo beži nakon što mu je žena pokazala svoju vulvu.

Ukrućeni muški ud ima takođe apotropaički učinak, ali zbog jednog drugog mehanizma. Pokazivanje penisa – i svih njegovih surogata – hoće da kaže: ne bojim te se, prkosim ti, imam penis. To je, dakle, drukčiji način isterivanja zloduha.[2]

Da bi se, sada, ovo tumačenje moglo ozbiljno zastupati, morala bi se ispitati geneza tako izdvojenog simbola groze u grčkoj mitologiji i njegovim paralelama u drugim mitologijama.

---

[1] Ovaj kratki Frojdov tekst o Meduzinoj glavi prvi put je štampan 1940. godine. Međutim, nastao je još 14. maja 1922. godine. Isti predmet dotiče i Šandor Ferenci u belešci objavljenoj 1923. godine „O simbolici Meduzine glave". Tu belešku, iste godine, spominje i Frojd u ogledu „Infantilna genitalna organizacija": „Poznato nam je da svako omalovažavanje žene, užasavanje od žene, sklonost ka homoseksualnosti, teče ispod onog krajnjeg uverenja da žena nema penis. Nedavno je baš Ferenci doveo u vezu mitološki simbol užasa, Meduzinu glavu, sa utiskom kojeg prizvodi ženski genitalni organ lišen penisa." Na ovom mestu, Frojd dodaje i fusnotu: „Hteo bih da dodam da je u mitu reč o majčinom genitalnom organu. Atina, koja na svome plaštu nosi Meduzinu glavu, samom tom činjenicom jeste žena kojoj se ne može prići, žena čiji izgled guši svaku pomisao o polnom opštenju".

[2] U notici vezanoj za članak Vilhema Štekela „O psihologiji ekshibicionizma", objavljen 1911. godine, Frojd je napisao: „Doktor Štekel predlaže ovde da ekshibicionizam izvedemo iz narcističkih nesvesnih pojmova. Kao verovatno mi se čini da isto objašnjenje može biti primenjeno i na apotropaičku ekshibiciju antičkih naroda." – *Prim. prev.*

ĐAVOLJA NEUROZA IZ
SEDAMNAESTOG STOLEĆA
[Eine Teufelsneurose im siebzehnten Jahrhundert[1]]

Na primerima neuroza vezanih za doba detinjstva naučili smo da se o njima mnogo šta da bez napora uočiti i golim okom što se, kasnije, može saznati samo dubljim istraživanjem. Slično očekivanje se ispunjava i u slučaju neurotskih bolesti ranijih stoleća, samo ako smo spremni da ih prepoznamo pod nazivima različitim od naših današnjih neuroza. Ne smemo se čuditi ako neuroze iz tih ranijih razdoblja zatičemo u demonološkom ruhu, kad se već one, iz sadašnjeg, nepsihološkog doba, pojavljuju prerušene u organske bolesti, u hipohodrijskom. Mnogi su autori, među kojima je prvi Šarke, raspoznavali, kao što se zna, u predstavama posednutosti i ekstaze, kakve nam prenosi umetnost, oblike ispoljavanja histerije; u istorijama tih bolesti nije bilo teško iznova otkrivati sadržinu neuroze, samo se tada njima posvećivalo malo više pažnje.

Demonološka teorija tih tamnih razdoblja bila je daleko više u pravu nego sva somatska tumačenja iz perioda „egzaktne" nauke. Posednutosti odgovaraju našim neurozama, za čija se objašnjenja mi opet pozivamo na psihičke sile. Za nas su demoni zle, odbačene želje koje izviru iz potisnutih nagonskih pobuda. Mi, naprosto, odbijamo projekciju tih duševnih tvorevina u spoljašnji svet, što se činilo u srednjem veku; mi im dopuštamo da nastaju u unutrašnjem životu bolesnika u kojem se one nastanjuju.

I

POVEST SLIKARA KRISTOFA HAJCMANA

Uvid u jednu takvu demonsku neurozu iz sedamnaestog stoleća zahvaljujem ljubaznom interesovanju gospodina dvorskog savetnika dr R. Pajer-Turna, direktora nekadašnje carske i kraljevske fideikomisne Biblioteke u Beču. Pajer-Turn je u Biblioteci otkrio rukopis koji je poticao iz svetoga mesta Mariace[2] i u kojem je potanko opisano čudesno oslobođenje, milošću svete Marije, od ugovora sa đavolom. Njegovo zanimanje je bilo pobuđeno vezom sadržine rukopisa s predanjem o Faustu, i to ga je podstaklo da dublje izloži i obradi građu. No, kad je otkrio da je osoba, čije je oslobođenje bilo opisano, patila od grčevitih napada vizija, on se obratio meni radi lekarskog mišljenja o slučaju. Složili smo se da naše radove objavimo odvojeno i nezavisno jedan od drugog.[3] Izražavam mu svoju zahvalnost za podsticaj koji mi je dao, kao i za mnogostruku pomoć prilikom izučavanja rukopisa.

Ta demonološka povest o jednom bolesniku predstavlja doista dragoceni nalaz koji se, bez mnogo tumačenja, nudi u punoj svetlosti, baš kao što poneka nalazišta pružaju čisti metal koji se, inače, s naporom mora dobijati rastapanjem rude.

Rukopis, čiji je tačni prepis preda mnom, deli se u našim očima na dva dela, sasvim različite prirode: na latinskom redigovani izveštaj nekog monaškog pisca ili kompilatora i na nemačkom napisani odlomak iz dnevnika samog pacijenta. Prvi deo sadrži predgovor i čudotvorno isceljenje u doslovnom smislu; drugi deo ne mora da je bio značajan za duhovnike, i utoliko je za nas dragoceniji. On znatno doprinosi učvršćivanju našeg inače oklevajućeg suda o slučaju ove bolesti, te imamo puno razloga da zahvalimo duhovnicima što su sačuvali taj dokument, mada on ni u čemu nije mogao da posluži njihovim tendencijama – štaviše, mogao je pre da ih poremeti.

Ali, pre nego što produžim sa sintetizovanjem rukopisne brošurice, s naslovom

„Trophaeum Mariano-Cellense“,

moram da ispričam deo njenog sadržaja, kojeg preuzimam iz predgovora.

Slikar Kristof Hajcman,[4] Bavarac, bio je, 5. septembra 1677. godine, doveden s pisanim uputom pastora iz Potenbruna (u Donjoj Austriji) u obližnji Mariacel.[5] On je boravio, slikajući, više meseci u Potenbrunu gde se, 29. avgusta, usred crkve, srušio u strašnim grčevima, a kada su se oni ponovili i sledećih dana – *Praefectus Dominii Pottenbrunnensis*[6] ga je ispitao, tražeći da sazna od njega šta ga muči, nije li se, ipak, upustio u nedozvoljeni odnos sa zlim duhom.[7] Na šta je ovaj priznao da je, stvarno, pre devet godina, u času malodušnisti pred svojom umetnošću i sumnje u sopstvenu ustrajnost popustio đavolu, koji ga je devet puta kušao, i u pisanom vidu se obavezao da će mu po isteku tog vremena pripadati telom i dušom. Rok se primicao, padao je na 24. tekućeg meseca.[8] Nesrećnik se kajao i bio uveren da ga jedino milost Majke Božje iz Mariacela može spasti, prisiljavajući zloduha da ga odreši od ugovora napisanog krvlju. S tog razloga dopušteno je da se *miserum hunc hominem omni auxilio destitutum*[9] preporuči dobrohotnosti duhovnikâ iz Mariacela.

Tako pastor iz Potenbruna, Leopold Braun, 1. septembra 1677. godine.

Sada mogu da nastavim sa analizom rukopisa. On sam se tako sastoji iz tri dela:

1. Naslovna stranica u boji, na kojoj je predstavljena i scena sklapanja ugovora i ona oslobođenja u kapeli Mariacela; na sledećem listu su, takođe u boji, osam crteža kasnijih pojava đavola, s kratkim pratećim zapisima na nemačkom jeziku. Ove slike nisu originali, nego kopije – verne kopije, kako se svečano uverava – načinjene po izvornim slikama Kr. Hajcmana.

2. *Trophaeum Mariano-Cellense* (na latinskom) u doslovnom smislu, delo nekog duhovničkog kompilatora koji se, na kraju, potpisao „P.A.E." i tim slovima dodao četri stiha koji sadrže njegov životopis. Zaključni odeljak obrazovan je svedočanstvom opata Kilijana iz Svetog Lamberta[10] od 9.[11] septembra 1729. godine, koji rukopisom drukčijim od kompilatorovog potvrđuje potpunu sa-

glasnost rukopisa i slika sa izvornicima čuvanim u arhivu. Nije dato u kojoj je godini *Trophaeum* sastavljen. Dozvoljeno nam je da prihvatimo da se to desilo iste godine kada je opat Kilijan posvedočio, dakle 1729. godine ili, pošto je 1714. godina poslednji u tekstu spomenuti datum, da delo kompilatora smestimo negde u periodu između 1714. i 1729. godine. Čudo, koje je tim spisom trebalo da bude oteto od zaborava, odigralo se 1677. godine, dakle 37 do 52 godine ranije.

3. Na nemačkom sročeni dnevnik slikara, koji teče od trenutka njegovog oslobođenja u kapeli do 13. januara sledeće godine, 1678. On je uključen u tekst *Trophaeum*-a malo pre njegovog konca.

Osnovicu *Trophaeum*-a u doslovnom smislu čine dva spisa. Onaj već spomenuti pisani uput pastora Leopolda Brauna iz Potenbruna od 1. septembra 1677. godine i izveštaj opata Franciskusa iz Mariacela i Svetog Lamberta u kojem se opisuje čudotvorno isceljenje od 12. septembra 1677. godine, dakle datiran samo nekoliko dana kasnije. Aktivnost redaktora ili kompilatora P. A. E. nam pruža uvod koji takoreći stapa oba akta i pridodaje im nekoliko manje važnih veznih komentara, a u zaključku izveštaj o daljoj sudbini slikara zasnovan na obaveštenjima prikupljenim 1714. godine.[12]

Predistorija slikara je, tako, tri puta ispričana u *Trophaeum*-u:

1. u pisanom uputu pastora iz Potenbruna,
2. u svečanom izveštaju opata Franciskusa, i
3. u uvodu redaktora. Poređenjem ta tri izvora pojavljuju se izvesne nesaglasnosti, koje neće biti nekorisno pretresti.

Sada mogu da nastavim s povešću slikara. Pošto je u Mariacelu dugo okajavao i molio se, biva mu, 8. septembra, na dan Marijinog rođenja, oko dvanaestog noćnog časa, od strane đavola, koji se u svetoj kapeli pojavio u obličju krilatog zmaja, vraćen krvlju napisani pakt. Kasnije ćemo, na naše čuđenje, doznati da je u povesti slikara Kr.

Hajcmana došlo do sklapanja dva ugovora sa đavolom. Prvi, napisan crnim mastilom, i potonji – krvlju. U spomenutom prizoru isterivanja, radi se, kao što se može uočiti i na slici s naslovne stranice, o krvavom, dakle potonjem. Na ovom mestu bi se u nama mogla javiti sumnjičava pomisao o verodostojnosti duhovničkih izveštača, koja bi nas mogla opomenuti da svoj napor ne trošimo na nekom proizvodu monaškog praznoverja. Ispričano je da su mnogi duhovnici, čija su imena navedena, bili sve vreme uz egzorcistiranog, kao i da su čak prisustvovali samoj pojavi đavola. Ako bi se čak tvrdilo da su oni videli i đavolskog zmaja kako slikaru pruža crveno ispisani papir *(Schedam sibi porrigentem conspexisset*[13]*)*, tada bismo se našli pred mnogim neugodnim mogućnostima, među kojima bi mogućnost kolektivne halucinacije bila još nekako najmanje bolna. Međutim, sam tekst svedočanstva što ga je izložio opat Franciskus raspršuje tu sumnjičavu pomisao. U njemu se nikako ne tvrdi da su i prisutni duhovnici opazili đavola, nego se veli pošteno i prosto da se slikar iznenada otrgao od duhovnika koji su ga držali i pobegao u kut kapele gde vide pojavu i vrati se zatim s papirom u ruci.[14]

Čudo je bilo veliko, pobeda svete Majke nad Satanom nesumnjiva, ali isceljenje, na žalost, nije bilo trajno. Neka još jednom na čast duhovnika bude izneseno da oni ni tu činjenicu nisu prećutali. Slikar je, posle kraćeg vremena, napustio Mariacel u dobrom stanju i vratio se u Beč gde je boravio kod svoje udate sestre. Tamo će, 11. oktobra, pretrpeti nove, delom veoma teške napade, o kojima nas obaveštava dnevnik vođen do 13. januara [1678]. Bile su to vizije, odsutnosti duhom, u kojima je video i doživljavao najrazličitije stvari, grčenja praćena najbolnijim senzacijama, jednom čak sa oduzetošću nogu i tome slično. No, toga puta nije ga pohodio đavo, nego su to bila sveta lica koja su ga tražila, Hristos, sveta Devica lično. Karakteristično je da pod tim nebesnim pojavama i kaznama kojima su ga one podvrgavale, on nije patio manje nego ranije kada je saobraćao sa đavolom. U svom dnevniku, on čak i ove nove doživljaje svrstava među đavolje pojave i, kada se vratio maja 1678. godine u Mariacel, žali se na *maligni Spiritus manifestationes*.[15]

Kao motiv svog povratka iznosi duhovnicima da bi od đavola trebalo da traži i drugi, raniji, mastilom napisani ugovor[16]. I ovoga puta pobožni oci i sveta Marija će mu pomoći u ipunjavanju njegove molbe. Ali, o tome kako se to dogodilo, izveštaj ćuti. Kaže se samo ukratko: *qua iuxta votum redditâ*[17]. On iznova moli, i ugovor mu biva vraćen. Osetivši se tada sasvim slobodan, on stupa u red Milosrdne braće.

Valja opet priznati da očita tendecioznost njegovog napora nije zavela kompilatora da zanemari verodostojnost koja se zahteva od takvih istorija bolesti. Jer, on ne prećutkuje ono što je saznao, posle slikarevog preminuća, kod predstojnika manastira Milosrdne braće [u Beču] 1714. godine. Manastirski provincijal izveštava da je brat Hrizostom još niz puta iskusio napastvovanja zlog duha koji je hteo da ga navede na novi pakt, i to jedino onda *„kada bi popio nešto više vina"*, ali zahvaljujući milosti Božjoj uvek je bilo moguće odupreti mu se. Brat Hrizostom preminu zatim, *„spokojno i pun utehe"*, savladan sušicom, u manastiru Reda, u Nojštatu na Moldavi, 1700. godine.

II

MOTIV PAKTA SA ĐAVOLOM

Razmotrimo li ovo sklapanje ugovora sa đavolom kao povest jednog neurotskog bolesnika, najpre ćemo se zainteresovati pitanjem njegove motivacije, koje je, uostalom, iznutra povezano sa pruzrokovanjem bolesti.Zašto se sklapa ugovor sa đavolom? Doduše, doktor Faust prezirno pita: „Šta bi pa ti, jadni đavole, mogao dati?"[18] Ali, on nije u pravu; u naknadu za besmrtnu dušu, đavo raspolaže mnogo čime što je kod ljudi na visokoj ceni: bogatstvo, bezbednost pred opasnostima, moć nad ljudima i nad snagama prirode, čak i čarobničke veštine, ali pre svega ostalog – naslada, naslađivanje u lepim ženama. Ti se poslovi ili obaveze đavolove moraju brižno i izričito navesti u ugovoru s njim[19]. Šta je onda za Kristofa Hajcmana bio motiv njegovog paktiranja?

Začudo, nijedna od ovih tako prirodnih želja. Da bismo otklonili svaku sumnju, potrebno je samo baciti pogled na kratke napomene kojima je slikar propratio svoja oslikavanja đavoljih pojava. Na primer, evo kako glasi beleška uz treću viziju:

„Trećeg puta kada mi se, tokom godine i po, pojavio u groznome obličju: imao je knjigu u rukama u kojoj se govorilo o čarobništvu i crnoj magiji...“

No, iz pratećeg zapisa uz jednu kasniju pojavu saznajemo da mu je đavo oštro prebacio zašto je *spalio njegovu gorepomenutu knjigu*, i da će ga raščerečiti ako mu je ponovo ne stvori.

U četvrtoj pojavi, on mu pokazuje veliku žutu kesu i veliki dukat, te mu obećava da će mu dati toliko toga koliko bude želeo, *„ali ja to nisam čak ni prihvatio“*, može da se uzoholi slikar.

Sledećeg puta on traži od njega da se zabavlja, prepusti razonodama.[20] Na šta slikar primećuje da se *„to i dogodilo na njegov zahtev, ali nikada nije s tim produžavao više od tri dana, i odmah bi se ponovo suzdržavao“*.

No, pošto on sada, kada mu đavo nudi, odbija čarobničke veštine, novac i naslađivanje, a nekmoli da ih prihvati kao uslove pakta, doista biva nezaobilazno da se zna šta je taj slikar zapravo hteo od đavola kada je već sklopio ugovor s njim. Morao je, ipak, imati neki motiv da se upusti sa đavolom.

O ovoj tački *Trophaeum* pruža pouzdano obaveštenje. Postao je setan; nije mogao ili nije hteo više zapravo da radi i da se brine o održanju sopstvene egzistencije. Dakle, melanholička depresija sa sputanošću za rad i (opravdanom) brigom oko opstanka života. Vidimo da stvarno imamo posla s povešću bolesnika i, istovremeno, shvatamo čime je bilo pruzrokovano poboljevanje, koje sam slikar, u napomenama uz slike đavola, naziva upravo melan-

holija („trebalo je da se otuda razgaljujem i rasterujem me-
lanholiju"). Doduše, od naša tri izvora, jedino prvi, pisani
pastorov uput, spominje depresivno stanje („dum artis su-
ae progressum emolumentumque secuturum pusillanimis
perpenderet"[21]), ali drugi, izveštaj opata Franciskusa, ume
takođe da imenuje izvor te malodušnosti ili neraspolože-
nja, jer o tome kaže „accepta aliqua pusillanimitate ex
morte parentis"[22] a saglasno tome se i u kompilatorovom
predgovoru veli istim, samo ispremeštanim rečima: „ex
morte parentis accepta aliqua pusillanimitate." Njegov je
otac, dakle, bio umro, i zbog toga je on pao u melanholi-
ju, pa mu je tada prišao đavo i pitao ga zašto je tako une-
zveren i tužan, te mu obećao da će mu „na svaki način po-
moći i biti mu sruke".[23]

Eto, dakle, jednoga koji se obriče đavolu da bi bio
oslobođen duševne depresije. Sigurno, to je izuzetan mo-
tiv po sudu svakog ko ume da se uživi u muke takvog
stanja i razumeće ga ako pritom zna koliko je lekarska vê-
ština malo sposobna da te patnje ublaži. Pa ipak, nema to-
ga ko bi, prateći dovde ovu priču, mogao da pogodi kako
je doslovno glasio ugovor sklopljen sa đavolom (ili čak
oba ugovorna teksta, prvi mastilom i drugi, otprilike go-
dinu dana kasnije, krvlju napisan, koja su, navodno još u
odaji za dragocenosti u Mariacelu, saopštena u Trophae-
um-u), kakve su, naime, bile formulacije.

Ti nam ugovorni tekstovi donose dva velika iznena-
đenja. Prvo, oni ne navode nikakvu đavolovu obavezu za
čije se ispunjenje u zalog nudi večno blaženstvo, već je-
dino đavolov zahtev kojeg slikar valja da ispunjava. Mo-
ra da nas kosne kao sasvim nelogično, apsurdno, da taj
čovek svoju dušu ne zalaže za nešto što treba da dobije od
đavola, nego za ono što treba da učini za đavola. Još ne-
običnije zvuči slikareva obaveza.

Prva, crnim mastilom napisana „syngrapha":

Ja, Kristof Hajcman, potpisom se obričem
ovom gospodaru da njegov vlastiti sin budem
na 9 godina. Godine 1669.

Druga, krvlju napisana:

Anno 1669
Kristof Hajcman. Pisano se obavezujem
ovom Satani, da njegov vlastiti sin budem,
i na 9 godina da mu moje telo i moja duša
pripada.

Svako čuđenje, međutim, otpada kada tekst ugovorâ sagledamo tako da se ono što je u njima prikazano kao đavolov zahtev ispostavi, štaviše, kao njemu zadati posao, dakle kao slikarev zahtev. Onda nerazumljiv pakt dobija tačan smisao i može da se protumači ovako: đavo se obavezuje da tokom devet godina zameni slikaru izgubljenog oca. Po isteku toga vremena slikar će potpasti telom i dušom đavolu, na uobičajeni način u ovoj vrsti trgovine. Slikarev tok misli, koji motiviše njegov pakt, bio bi, pak, sledeći: smrću oca on je izgubio svaku sklonost i sposobnost za rad; ako sada dobije zamenu za oca, on se nada povratku izgubljenog.

Da bi neko smrću svoga oca postao melanholičan, mora svakako da je tog oca voleo. No, onda je veoma neobično da takvom čoveku može pasti na pamet ideja da đavola uzme kao zamenu za voljenog oca.

III

ĐAVO KAO ZAMENA ZA OCA

Bojim se da se smotrena kritika ne bi složila s nama da smo s gornjim preinterpretiranjem izložili smisao pakta s đavolom. Protiv njega bi mogla da iznese dva prigovora. Prvo: nije nužno posmatrati paktiranje kao ugovor u kojem bi se stekle obaveze obe strane. Mogao bi, štaviše, da sadrži samo slikarevu obavezu, dok đavolova ostaje izvan teksta, takoreći *„sousentendue"*[24] obliku. No, slikar se obavezuje dvostruko, najpre da se smatra đavolovim sinom tokom devet godina i, zatim, da mu u celosti pripadne posle svoje smrti. Time je odstranjena jedna od osnovica našeg zaključka.

Drugi prigovor će glasiti da nije opravdano staviti težište preterano na izrazu biti đavolov ropski sin. To bi mogao biti tekući oblik kojeg svako može da shvati onako kako su ga razumeli duhovnici. Oni ne prevode na latinski sinstvo obrečeno u ugovornim zapisima, nego prihvataju da kažu jedino da se slikar predao, *„mancipavit"*, nečativome da bi vodio grešan život i poricao Boga i sveto trojstvo. Zašto bismo se uzdržavali od tog najbližeg i najneusiljenijeg shvatanja?[25] Stvari bi tada stojale jednostavno: neko se, u mukama i smetenosti melanholičke depresije, pisano obrekao đavolu, kojem pripisuje i najveću terapeutsku moć. Suvišno je razmatrati da li je to neraspoloženje poteklo usled očeve smrti; moglo je imati i neki drugi povod. To zvuči utemeljeno i pametno. Psihoanalizi se iznova prebacuje da cepidlački komplikuje proste odnose, da tajne i probleme vidi tamo gde ih nema, i da to izvodi tako što preterano naglašava male i sporedne crte kakve se svuda mogu naći, pretvarajući ih u nosioce najdalekosežnijih i najčudnovatijih zaključaka. Uzalud ćemo mi, suprotstavljajući se, ukazivati kao na značajno da se tim odbacivanjem ukidaju mnoge frapantne analogije i raskidaju tanane veze na koje možemo da upozorimo u ovom slučaju. Protivnici će reći da te analogije i veze zapravo ne postoje, nego da ih mi sami unosimo s površnim oštroumljem u slučaj.

Ono što bih imao na to da uzvratim neće početi rečima: budimo pošteni ili budimo iskreni, jer se to uvek mora biti, ne ulažući za to čak ni poseban napor, nego ću ustvrditi jednostavnim rečima da dobro znam da ako neko već ne veruje u opravdanost psihoanalitičkog načina mišljenja, on to ubeđenje nije ni stekao na slučaju slikara Kr. Hajcmana iz sedamnaestog stoleća. Pa tako ni ja ne nameravam da ovaj slučaj uzdižem u sredstvo za dokazivanje valjanosti psihoanalize; štaviše, unapred smatram psihoanalizu valjanom i stoga je koristim za objašnjenje demonološkog oboljenja slikara. Da je to opravdano zaključujem iz uspeha naših istraživanja o suštini neuroza uopšte. Uz svu neumerenost, sme se reći da su danas čak i najinteligentniji među našim savremenicima i kolegama po struci počeli da uviđaju da se do razumevanja neurotskih stanja ne može dospeti bez pomoći psihoanalize.

„Samo će strele pokoriti Troju, jedino one" priznaje Odisej u Sofoklovom *Filoktetu*.

Ako je tačno da u paktiranju našeg slikara sa đavolom vidimo neurotsku fantaziju, onda je i dalje nepotrebno izvinjavati psihoanalitičko pretresanje istog. I neznatni znaci imaju svoj smisao i svoju vrednost, osobito u slovima nastanka neuroze. Svakako, moguće je kako precenjivati ih tako i potcenjivati, što je pitanje takta da se oseti dokle će se ići u oceni njihovog značaja. Ali, ako neko ne veruje u psihoanalizu, niti u đavola, mora mu se prepustiti da sam vidi šta će sa slučajem slikara, da li će se za njegovo objašnjenje moći izboriti sopstvenim sredstvima, ili čak u njemu neće naći ništa što bi iziskivalo objašnjavanje.

Vratimo se, dakle, našoj pretpostavci da je đavo našem slikaru, koji s njim sklapa ugovor, neposredna zamena za oca. Tome odgovara i lik u kojem se on njemu prvi put pojavljuje, lik uvaženog, starijeg građanina, sa smeđom bradom, u crvenom ogrtaču, sa crnim šeširom, oslonjen o štap desnom rukom, i crnim psom pored sebe (sl. 1).[26] Kasnije njegova pojava biva sve strašnija, moglo bi se reći sve mitološkija: rogovi, kandže orla, krila slepog miša – spadaju u njegovu opremu. Konačno se, u kapeli, on pojavljuje kao krilati zmaj. Kasnije ćemo morati da se vratimo na određenu pojedinost njegovog telesnog obličja.

Doista zvuči čudnovato da je đavo izabran kao zamena za voljenog oca, ali to izgleda tako jedino ako o tome po prvi put slušamo, jer znamo za toliko toga što može da smanji naše čuđenje. Najpre, znamo da je Bog zamena za oca ili, tačnije, uzneseni otac, ili pak – drukčije – kopija oca, kako je on viđen i doživljavan u detinjstvu, od strane pojedinca u njegovom detinjstvu, a ljudski rod u ranim razdobljima – kao otac prahorde. Kasnije je pojedinac svoga oca video drukčije i manjeg, ali dečja predstava sa-

Sl. 1. Prva pojava đavola

Sl. 2. Druga pojava đavola

čuvala se i pretopila s tradicijskim tragom sećanja na pra-
oca u pojedinčevu predstavu o Bogu. Zahvaljujući skrive-
noj povesti individuuma, kakvu je otkriva analiza, znamo
i da je odnos prema ocu, možda od početka, bio ambiva-
lentan, ili će takvim, u svakom slučaju, ubrzo postati, to
jest on obuhvata dva međusobno suprotna osećajna toka,
ne samo osećanje blage potčinjenosti, nego i prkosnog ne-
prijateljstva. Ta ista ambivalentnost, po našem mišljenju,
dominira odnosom ljudske vrste prema njenom božanstvu.
Iz te nikada okončane protivstavljenosti čežnje za ocem, s
jedne, i straha i sinovljevog prkosa, s druge strane, obja-
snili smo sebi važne odlike i presudne udese religija.[27]

O zlom demonu znamo da je zamišljan kao suprotnost
Boga, a da, ipak, stoji veoma blizu njegovoj prirodi. Nje-
gova povest, svakako, nije tako dobro istražena kao bož-
ja, niti su sve religije prihvatile zlog duha, božjeg protiv-
nika, pa je on kao uzor ostao u individualnom životu
pretežno zatamnjen. No, jedno je izvesno: bogovi se mo-
gu pretvoriti u zle demone kada ih potisnu novi bogovi.
Kada neki narod pokori drugi, tada se, neretko, srušeni
bogovi pokorenog pretvaraju, za pobednički narod, u de-
mone. Zao demon hrišćanske vere, đavo u srednjovekov-
lju, bio je, i po hrišćanskoj mitologiji, pali anđeo, prirode
istovrsne s Bogom. Nije potrebno mnogo analitičkog
oštroumlja da bi se pogodilo da su Bog i đavo izvorno bi-
li identični, jedan jedini lik koji će se kasnije raspasti na
dva, sa suprotnim svojstvima.[28] U drevnim vremenima re-
ligija, sam bog je imao još sve strašne crte, koje su se za-
tim objedinile u njegovu suprotnost.

U tome postoji nama dobro poznati proces razlaganja
predstave sa smisaono opozitivnim – ambivalentnim – sa-
držajem na dve oštro kontrastirane suprotnosti. Ali, protiv-
rečnosti u izvornoj božjoj prirodi su odraz ambivalentno-
sti kakva dominira odnosom pojedinca prema sopstvenom
ocu. Ako je dobri i pravedni Bog zamena za oca, onda se
ne bismo smeli čuditi da se neprijateljski stav, mržnja,
strah, optuživanje, izražava u stvaranju Satane. Otac bi,
dakle, bio individualno prauzor kako Boga tako i đavola.

Pa i religije će stajati pod neizbrisivim otiskom činjenice da je drevni pratilac bio bezgranično zlo biće, manje nalik bogu nego đavolu. Nije tako lako, svakako, u duševnom životu pojedinca pokazati trag satanskog shvatanja oca. Kad dečak crta grdobe i karikature tada se možda uspeva naslutiti da se u njima izruguje ocu, a kada se deca oba pola noću plaše razbojnika i provalnika, tada se isti bez teškoća mogu prepoznati kao očeve senke.[29] Čak su i životinje koje se javljaju u detetovim zverofobijama najčešće zamena za oca, kao što je to bila totemska životinja u drevnim vremenima. No, inače se ne sreće u tako jasnom obliku, kao što je to slučaj s našim neurotičnim slikarem iz sedamnaestog stoleća, da je đavo kopija oca i da se može pojaviti kao zamena za njega. Stoga sam na početku ovoga rada izrazio očekivanje da će nam se takva demonološka povest bolesnika ukazati kao metal u čistom stanju, što se u slučaju neuroza poznijeg, više ne praznovernog ali zato hipohondrijskog doba mora izvlačiti napornim analitičkim radom rastapanja rude asocijacija i simptoma.[30]

Bićemo, verovatno, još ubeđeniji kad uđemo dublje u analizu oboljenja našeg slikara. Nije uopšte neobično da čovek pati od melanholičke depresije i sputanosti za rad posle smrti svoga oca. Iz toga zaključujemo da je on za oca bio vezan osobito jakom ljubavlju, i prisećamo se da teška melanholija često nastupa i kao neurotski oblik žalosti.[31]

U tome smo sigurno u pravu, ali nismo ako dalje zaključujemo da je taj odnos bio čista ljubav. Naprotiv, žalost zbog gubitka oca utoliko se pre preobražava u melanholiju ukoliko je odnos prema njemu bio više u znaku ambivalentnosti. No, isticanje te ambivalentnosti priprema nas za mogućnost uniživanja oca, koja je došla do izraza u slikarevoj đavoljoj neurozi. Ako bismo, pak, od Kr. Hajcmana mogli da saznamo toliko koliko od nekog pacijenta koji se podvrgava našoj analizi, lako bismo onda mogli da razvijemo tu ambivalentnost, da mu prizovemo u sećanje kada je, i kojim povodom on dobio razloga da se boji i mrzi svoga oca, ali – pre svega – mogli bismo da otkrijemo akcidentalne momente koji su se priključili tipičnim motivima mržnje prema ocu, a koji neizbežno vuku korene iz prirodne veze sin–otac. Možda bi onda bilo pronađeno neko specijalno objašnjenje sputanosti za rad. Mogućno je da se otac protivio sinovljevoj želji da postane slikar. Sinovljeva nesposobnost da posle smrti oca upražnjava svoju umetnost bila bi onda, s jedne strane, poznato „naknadno potčinjavanje“, a – s druge – morala bi, čineći sina nesposobnim za samoodržanje, da uveća čežnju za ocem kao zaštitnikom od briga oko životnog opstanka. Kao naknadno potčinjavanje, ona bi bila i ispoljavanje kajanja i veoma uspešno samokažnjavanje.

Pošto takvu analizu sa Kr. Hajcmanom, upokojenim 1700. godine, ne možemo da izvedemo, moramo se ograničiti na to da istaknemo one crte njegove istorije bolesti koje mogu da ukažu na tipične povode negativnog stava prema ocu. Ima ih samo malo, ne naročito upadljivih, ali veoma zanimljivih.

Tu je najpre uloga broja devet. Pakt s nečastivim zaključen je na devet godina. Sigurno pouzdan, izveštaj pastora iz Potenbruna jasno o tome govori: *pro novem annis Syngraphen scriptam tradidit.*[32] To prateće pismo, pisani uput, datirano 1. septembra 1677. godine, ukazuje da je rok trebalo da bude za nekoliko dana: *quorum et finis 24 mensis hujus futurus appropinquat.*[33] Ugovor je, dakle, bio sklopljen 24, septembra 1668. godine.[34] U spomenutom izveštaju broj devet ima i drugu primenu. „Nonies“ – devet puta – toliko se, hteo bi slikar, on odupirao kušanjima nečastivog pre nego što će mu se predati. Ta pojedinost nije više, u kasnijim izveštajima, spominjana; *„Post annos novem“* [posle devet godina] kaže se potom i u opatovom svetu, a *„ad novem annos“* [na devet godina] ponavlja kompilator u svome izvodu, što dokazuje da se taj broj nije smatrao nevažnim.

Broj devet dobro nam je poznat iz neurotskih fantazija. On je broj meseci bremenitog stanja i, gde god se pojavljuje, upućuje našu pažnju na neku fantaziju o bremenitosti. Kod našeg slikara reč je, svakako, o devet godina, ne o devet meseci; devetka je, kazaće se, i inače broj pun značenja. No, ko zna ne zahvaljuje li devetka uopšte dobar deo svoje svetosti svojoj ulozi u bremenitosti, pa promena devet meseci u devet godina ne bi trebalo da nas dovede u zabludu. Na osnovu snova znamo kako „nesvesna duhovna delatnost" operiše s brojevima. Sretnemo li, na primer, u snu peticu, onda ona svaki put upućuje na neku značajnu peticu u budnom životu; tako, ono što bi u zbilji bilo pet godina razlike u godinama starosti ili društvo od pet osoba – pojavljuje se u snu kao pet novčanica ili pet voćnih plodova. To znači da brojka ostaje ista, ali se menja proizvoljno, po zahtevima zgušnjavanja [Verdichtung] i pomeranja [Verschiebung], njen nazivnik. Devet godina u snu mogu, dakle, sasvim lako odgovarati devet meseci u zbilji. Rad sna poigrava se i na druge načine s brojevima budnog života, pri čemu se sa suverenom ravnodušnošću ne brine oko nula, ne smatrajući ih čak ni brojevima. Pet dolara u snu mogu predstavljati pedeset, pet stotina, pet hiljada dolara u stvarnosti.

I druga nas pojedinost, isto tako, u odnosima slikara sa đavolom, upućuje na seksualnost. Kao što je već spomenuto, đavo mu se po prvi put pojavljuje u liku nekog časnog građanina. Ali već sledećeg puta, đavo je go, izobličen i ima dva para[35] ženskih sisa (sl. 2). Sisa će biti tek jedan par više, ali neće nedostajati ni u jednoj od sledećih pojava. Samo u jednoj od tih pojava, đavo pokazuje, osim sisa, ogroman penis koji završava zmijom. To naglašavanje ženskog polnog karaktera velikim, visećim sisama (bez ikakvog nagoveštaja ženskih genitalija) mora nam izgledati upadljivo protivurečno s našom pretpostavkom da đavo za našeg slikara znači zamenu za oca. Takvo prikazivanje đavola je i po i za sebe neobično. Tamo gde đavo nastupa kao rodni pojam, dakle đavo u množini, nema ni u prikazivanju ženskih đavola ničeg neobičnog, ali mi se ne čini da je ikada neki đavo, koji je velika individualnost, gospodar pakla i protivnik Boga, oblikovan drukčije nego u mužjačkom liku, čak nadmužjačkom, s rogovima, repom i ogromnim zmijskim penisom.

No, na osnovu ta dva mala pokazatelja može se pogoditi koji tipični moment uslovljava negativni udeo u njegovom odnosu prema ocu. Ono čemu se on opire jeste ženski stav prema ocu, stav koji dostiže vrhunac u fantaziji da mu rodi dete (devet godina). Zahvaljujući našim analizama, tačno poznajemo taj otpor koji u transferu dobija zanimljive forme i zadaje nam mnogo posla. Sa žalošću zbog izgubljenog oca, s porastom čežnje za njim, kod našeg slikara biva reaktivirana i dugo potiskivana fantazija o bremenitosti, fantazija protiv koje on mora da se bori neurozom i uniživanjem oca.

Ali, zašto taj na đavola sveden otac nosi na sebi telesno obeležje žene? Ta crta izgleda ispočetka teško protumačiva, ali ubrzo iskrsavaju dva objašnjenja za nju, međusobno konkurišući a da se uzajamno ne isključuju. Ženski stav prema ocu bio je zahvaćen potiskivanjem istog trena kada je dečak razumeo da takmičenje sa ženom za očevu ljubav ima za uslov odricanje od sopstvene muške genitalije, dakle kastraciju. Odbacivanje ženskog stava jeste, dakle, posledica opiranja kastraciji, i po pravilu svoj najsnažniji izraz nalazi u suprotnoj fantaziji: kastrirati samog oca, učiniti ga ženom. Đavolove sise odgovarale bi, tako, projekciji sopstvene ženskosti na zamenu za oca. Drugo objašnjenje toga ukrasa na đavolovom telu nema više neprijateljski, nego nežni smisao. U uobličenju đavola sa sisama, to objašnjnje vidi znak da je infantilna nežnost s majke bila pomerena na oca, i tako nagoveštava snažnu prethodnu fiksaciju za majku, fiksaciju koja je opet, sa svoje strane, odgovorna za deo neprijateljstva prema ocu. Velike sise su pozitivna polna oznaka majke, i to u doba kada negativni karakter žene, nedostajanje penisa, detetu još nije poznat.[36]

Ako odupiranje da prihvati kastraciju onemogućava našeg slikara da se reši svoje čežnje za ocem, onda je lako razumljivo da on pomoć i spas traži u slici majke. Otuda on objašnjava da jedino sveta Majka Božja iz Mariacela može da ga oslobodi pakta sa đavolom, a svoje slobode se dokopava na Bogorodičin rođendan (8. septembar). Nije li i dan kada je pakt bio zaključen, 24. septembar, na sličan način bio izuzetan, nećemo nikada, prirodno, saznati.

Jedva da postoji neki drugi deo u psihoanalitičkim otkrićima o duševnom životu deteta koji normalnom odraslom zvuči tako odurno i neverodostojno kao što je to slučaj sa ženskim stavom prema ocu i dečakovom fantazijom, koja sledi iz toga stava, o bremenitosti. Bez brige i potrebe za izvinjavanjem, o tome možemo da govorimo tek pošto je predsednik saksonskog Senata, Danijel Paul Šreber, obznanio povest svog psihotičkog oboljenja i gotovo potpunog oporavka.[37] Iz te neprocenjive publikacije saznajemo da je gospodin predsednik Senata, negde oko pedesete godine svoga života, došao do sigurnog uverenja da je Bog – uostalom, s jasnim crtama njegovog oca, zaslužnog lekara, doktora Šrebera – odlučio da mu oduzme muškost, iskoristi ga kao ženu i s njim izrodi nove ljude u duhovnoj lozi Šrebera. (On lično ostao je bez dece u svome braku.) Usled žestokog opiranja navedenoj Božjoj nameri, koja mu se činila vrhunski nepravedna i „protivna poretku sveta", on se razboljeva, s pojavnim oblicima paranoje, ali koja se tokom godina smanjuje do neznatnog ostatka. S puno duha autor sopstvene istorije bolesti, on nije doista mogao ni da sluti da je u njoj otkrio jedan tipični patogeni momenat.

To opiranje kastraciji ili ženskom stavu izvukao je Alf. Adler iz njihovog organskog sklopa, doveo u plitke i lažne veze sa stremljenjem prema moći i ustoličio kao nezavisan „muški protest". Pošto neuroza može proisteći jedino iz konflikta dva stremljenja, isto je toliko opravdano u muškom protestu videti prouzročavanje „svih" neuroza koliko i u ženskom stavu protiv kojeg se protestuje. Tačno je da ovaj muški protest redovno sleduje u obrazovanju karaktera, da je njegov udeo veoma veliki kod mnogih tipova i da nam on, prilikom analize neurotičnih muškaraca, pruža oštar otpor. Psihoanaliza vodi računa o muškom protestu u sklopu s kastracionim kompleksom, ne mogući da zagovara njegovu svemoć ili sveprisutnost u neurozama. Po svim manifestnim reakcijama i karakternim crtama, najizrazitiji slučaj muškog protesta koji je potražio moj tretman ispostavilo se da mu je potreban zbog opsesivne neuroze u čijim se opsesijama jasno izražavao konflikt između muškog i ženskog stava (strah od kastracije i zadovoljstvo u kastraciji). Uz to, pacijent je razvijao mazohističke fantazije upravljane ka želji da prihvati kastraciju i bio je čak zakoračio od tih fantazija ka realnom zadovoljenju u perverznim situacijama. Ukupno njegovo stanje je počivalo – uostalom, kao i Adlerova teorija – na potiskivanju, odbacivanju ranoinfantilnih ljubavnih fiksacija.

Predsednik Senata Šreber izlečio se kada je odlučio da odustane od otpora prema kastraciji i prilagodi se ženskoj ulozi koju mu je Bog pripisao. Postao je tada vedar i miran, mogao je tada sam da sprovede svoje otpuštanje iz azila i vodi normalan život, sem u jednoj tački – dnevno je po nekoliko časova posvećivao negovanju svoje ženskosti, ostajući ubeđen da će njeno sporo napredovanje dostići cilj što ga je Bog odredio.

IV

DVA SKLOPLJENA UGOVORA

Pažnju zaslužuje pojedinost iz povesti našeg slikara da je, po datome, on ispostavio đavolu dva različita ugovora.

Prvi, napisan crnim mastilom, glasio je:

„Ja, Kr. H., potpisom se obričem ovom gospodaru da njegov ropski sin budem na 9 godina."

Drugi, napisan krvlju, glasi:

„K. H. Pisano se obavezujem ovom Satani, da njegov ropski sin budem, i na 9 godina da mu moje telo i moja duša pripada."

U vreme sastavljanja *Trophaeum*-a, originali oba trebalo je da su u arhivu Mariacela; oba nose isti datum, godinu 1669.

Oba ugovora sam već više puta pominjao, a sada ću se poduhvatiti da se njima dublje pozabavim, premda je ovde, izgleda, opasnost da se precenjuju malenkosti osobito velika.

Neobična je činjenica da se neko dva puta u pisanom vidu obriče đavolu, pri čemu se prvi zapis zamenjuje drugim a da ne gubi sopstveno važenje. Možda će čuđenje biti manje kod onih koji su potpunije obavešteni po pitanju đavola. Ja sam u tome jedino mogao da vidim posebnu odliku našeg slučaja i da to, kada sam otkrio da su izveštaji upravo u toj tački nesaglasni, izazove kod mene nepoverenje. Praćenje ovih protivurečnosti neočekivano će nas dovesti do dubljeg razumevanja istorije bolesti.

Propratni dopis pastora iz Potenbruna ukazuje na najjednostavnije i najjasnije odnose. U njemu je reč samo o jednom ugovoru kojeg je slikar pre devet godina ispisao krvlju i koji je sledećih dana, 24. septembra [1677], trebalo da istekne; on bi, dakle, trebalo da je bio sastavljen 24. septembra 1668. godine; na žalost, taj datum, koji se sa sigurnošću može izračunati, nije izričito naveden.

Kao što znamo, atest opata Franciskusa, datiran nekoliko dana docnije (12. sept. 1677), spominje već jedno komplikovanije stanje stvari. Moglo bi se pretpostaviti da je slikar u međuvremenu dao tačnija saopštenja. U tom se atestu priča da je slikar potpisao dva ugovora: prvi, godine 1668. (kao što je moralo stajati i u pisanom uputu), napisan crnim mastilom, a drugi *„sequenti anno"* [sledeće godine] 1669, napisan krvlju. Ugovor koji je vraćen na dan Marijinog rođenja [8. septembra] bio je napisan krvlju, dakle onaj kasniji, ispostavljen 1669. godine. To ne proizlazi iz opatovog atesta, jer se u njemu dalje naprosto kaže: *„schedam redderet"* [trebalo je povratiti papir] i *„schedam sibi porrigentem conspexisset"* [videh kako mu pruža papir], kao da se radilo samo o jednom jedinom, zapisu. No, to proističe iz daljeg toka povesti, kao iz obojene naslovne stranice *Trophaeum*-a, gde se na papiru što ga drži demonski zmaj jasno vide crvena pismena. Kao što je već spomenuto, u daljem toku se slikar, maja 1678. godine, vraća u Mariacel, pošto je u Beču izvrgnut novim napadima nečastivog, i traži da mu po mogućstvu, novim činom milosti svete Majke, bude vraćen i onaj prvi, mastilom ispisani dokument. Kako se to zbiva, nije više tako opširno opisano kao prvi put. Kaže se samo *„qua iuxta votum reddita"* [kada mu je ovaj, uslišenošću njegove molitve, bio vraćen], a na drugom mestu kompilator pripoveda da je upravo taj ugovor, *„zgužvan i pocepan na četvoro"*[38.] đavo bacio slikaru, 9. maja 1678. godine, oko devet sati uveče.

Oba ugovora, međutim, nose isti datum: godina 1669.

Ova protivrečnost ili, pak, ne znači ništa, ili upućuje na sledeći trag:

Ako pođemo od opatovog prikaza kao najiscrpnijeg, javljaju se svakojake teškoće. Kada je Kr. H. priznao pastoru iz Pontenbruna da je u đavolovoj vlasti, čiji se rok bliži, mogao je on (u 1677. godini) da misli jedino na ugovor ispostavljen 1668. godine, dakle na prvi, crni (koji je, svakako, jedini naveden u propratnom pismu i označen kao krvavi). Nekoliko dana kasnije, pak, u Mariacelu, on se brine samo za povraćaj onog poznijeg, krvavog, koji čak nije još ni istekao (1669–1677), a prvome pušta da prođe rok. On će ga tek 1678. godine, dakle desete godine izmoliti natrag. Dalje, zašto su oba ugovora datirana istom godinom, 1669, ako je jednome izričito napisana *„anno subsequenti"*?

Kompilator mora da je nazreo ove teškoće, jer pokušava da ih ukloni. U svome uvodu on se oslanja na opatov prikaz, ali ga modifikuje u jednoj tački. Slikar je, veli on, 1669. godine potpisao sa đavolom ugovor mastilom, *„deinde vero"*, a kasnije krvlju. On prelazi, dakle, preko izričitih podataka iz oba izveštaja, po kojima jedan od ugovora ističe 1668. godine, a zanemaruje i napomenu iz opatovog atesta da se između sklapanja dva ugovora promenila godina da bi tako ostalo saglasno datiranje oba ugovorena zapisa koja je đavo vratio.

Posle reči *„Sequenti vero anno* [nego u sledećoj godini] *1669"*, u opatovom atestu nalazi se u zagradama mesto koje ovako glasi: „*sumitur hic alter annus pro nondum completo, uti saepe in loquendo fieri solet, nam eundem annum indicant Syngraphae, quarum atramento scripta ante praesentem attestationem nondum habita fuit.*"[39] To mesto je, bez sumnje, kompilatorov umetak, jer opat, koji je video samo jedan ugovor, ne može ipak da kaže da oba nose isti datum. Trebalo bi, izgleda, zagrade i shvatiti kao svedočanstvo koje naznačuje strani dodatak. Njegova sadržina je drugi kompilatorov pokušaj da izmiri uočene protivrečnosti. On smatra, što je doduše tačno, da je prvi ugovor sklopljen 1668. godine, ali pošto je godina već bila na izmaku (septembar) – slikar ga je antidatirao za jednu godinu, te su oba ugovora mogla da pokazuju istu godinu. Njegovo pozivanje da se slično tome često čini u usmenom opštenju, svodi, pak, ceo taj pokušaj objašnjenja na „prazan izgovor".

Ne znam da li je moje izlaganje učinilo neki utisak na čitaoca i dovelo ga u stanje da se zainteresuje za ove sitnice. Smatrao sam nemogućim da se utvrdi, na nesumnjiv način, tačno stanje stvari, ali sam tokom izučavanja ovog zamršenog posla dospeo do pretpostavke koja ima prednost da uspostavlja najprirodniji pristup, čak i ako se pisana svedočanstva ne uklapaju sasvim sa njom.

Mislim da je slikar, kada je prvi put došao u Mariacel, govorio samo o *jednom,* po pravilu krvlju napisanom ugovoru, koji je uskoro trebalo da istekne, dakle onom sklopljenom septembra 1668. godine, baš kao što je i saopšteno u pratećem pismu pastora. I u Mariacelu predočio je on taj ugovor krvlju kao onaj kojeg je demon trebalo da mu vrati pod pritiskom svete Majke. Znamo šta se dalje dogodilo. Ubrzo potom slikar napušta mesto milosrđa i odlazi u Beč, gde se i osećao slobodan do sredine oktobra. No, onda su patnje i pojave, u kojima je video delo zloduha, počele iznova. Ponovo je osetio potrebu da bude oslobađan, ali našao se pred teškoćom da objasni zašto mu isterivanje u svetoj kapeli nije donelo trajno oslobođenje. Kao neisceljeni povratnik, on možda ne bi bio dobrodošao u Mariacel. Pritisnut tom nuždom, izmislio je neki raniji, prvi ugovor, ali koji je trebalo da bude napisan mastilom, tako da je moglo izgledati uverljivo što je bio u drugom planu naprama nekog poznijeg, krvlju napisanog. Došavši opet u Mariacel, on bi da povrati i taj navodno prvi ugovor. Tada bi bio spokojan pred nečastivim; svakako, on čini istovremeno i nešto drugo što nam ukazuje na pozadinu njegove neuroze.

Izvesno je da on tek prilikom svog drugog boravka u Mariacelu završava crteže; komponovana kao celina, naslovna stranica sadrži prikaz prizora sklapanja ugovora. Pokušavajući da usaglasi svoje nove tvrdnje sa svojim ranijim, našao se u neprilici. Za njega je bilo nepovoljno i to što je mogao da zamisli jedino ranije sklapanje ugovora, ne i ono kasnije. Otuda nije mogao da izbegne nespretni ishod da se rešio jednog, krvlju napisanog ugovora odveć rano (u osmoj godini), a drugog, odveć kasno (u desetoj godini). Omakao mu se i znak koji izdaje njegovu dvostruku reakciju: greši u datiranju sklapanja ugovora, te je i raniji smestio u 1669. godinu. Ta greška ima značenje nehotične iskrenosti; dopušta nam da pogodimo da je navodno raniji ugovor sačinjen za kasniji rok. Kompilator, koji je građu počeo da obrađuje, sigurno ne pre 1714. godine, možda tek 1729, morao je da se pomuči da što bolje ukloni te protivrečnosti koje nisu nebitne. Pošto su oba ugovora, što su se našla pred njim, glasila na 1669. godinu, on se poslužio izgovorom kojeg je uključio u opatovo svedočenje.

Lako se prepoznaje gde počiva slabost ove inače dopadljive konstrukcije. Obadva ugovora, crni i krvavi, spominju se već u svedočanstvu opata Franciskusa. Mogu, dakle, da biram ili da pretpostavim da je kompilator takođe nešto promenio, u tesnoj vezi s njegovim umetanjem, u tom svedočanstvu, ili moram da priznam da nisam kadar da razmrsim klupko.[40]

Cela diskusija već poduže mora izgledati čitaocu površna i u njenim pretresanim pojedinostima suviše beznačajna. No, stvar postaje ponovo zanimljiva ako se prati u određenom smeru.

Upravo sam o slikaru rekao da je, neprijatno zatečen tokom svoje bolesti, izmislio jedan raniji ugovor (onaj mastilom) da bi pred duhovnicima mogao da učvrsti svoju poziciju. No, pišem za čitaoce koji, doduše, veruju u psihoanalizu, ali ne i u đavola, i oni bi mogli da mi prigovore da je besmisleno što upućujem takav prekor jednom momku slikaru – *hunc miserum*, kako se on naziva u pratećem pismu. Krvlju pisani ugovor isto je toliko bio isfantaziran koliko i onaj, navodno, raniji, mastilom. Njemu se uopšte, u stvarnosti, čak nikakav đavo nije pojavio; čitav pakt sa đavolom postojao je samo u njegovoj fantaziji. Slažem se s tim; jadniku se ne može osporiti pravo da svoju početnu fantaziju dopuni novom, kako to, izgleda, iziskuju promenjene okolnosti.

No, i ovde postoji još jedan nastavak. Oba ugovora nisu, pak, fantazije kao što su to vizije đavola; to su bili dokumenti koje su, po tvrđenju prepisivača, kao i po svedočenju kasnijeg opata Kilijana, sačuvani u arhivu Mariacela, svi mogli videti i opipati. Dakle, ovde smo pred dilemom. Ili valja da prihvatimo da ih je slikar sam sačinio, u pravom trenutku, pošto su mu bili potrebni (oba *schedae*, vraćena mu, navodno, božanskom milošću), ili moramo – uprkos svim svečanim uveravanjima, tvrđenjima svedoka overenim žigovima itd. – sve duhovnike iz Mariacela i Svetog Lamberta smatrati nedostojnim poverenja. Priznajem da mi ne pada lako da sumnjičim duhovnike. Sklon sam, doduše, da prihvatim da je kompilator, u interesu saglasja, ponešto iskrivotvorio u svedočanstvu prvog opata, ali ta ,,sekundarna prerada" ne prelazi granice u poslovima slične vrste, modernih i laičkih istoriografa, i činjena je, u svakom slučaju, s dobrom namerom. Pođemo li drugim putem, duhovnici su stekli osnovano pravo na naše poverenje. Rekao sam već da ih ništa nije sprečavalo da potisnu izveštaje o nepotpunosti isceljenja i produžetku kušanja, a i koloristički opis prizora isterivanja u kapeli, koji se smeo očekivati s pomalo bojazni, pogođen je verodostojno i razložno. Ne ostaje, dakle, drugo nego da se okrivi slikar. Kada se posvetio pokajničkoj molitvi u kapeli, on je svakako imao kod sebe crveni ugovor, a izvadio ga je zatim kad se, nakon susreta s demonom, vratio prisutnim duhovnicima. To čak ne mora ni da je bio isti papir koji je kasnije sačuvan u arhivu, nego je taj prvi papir možda nosio kao datum 1668. godinu (devet godina pre isterivanja).

V

POTONJA NEUROZA

No, bila bi to obmana a ne neuroza, slikar bi bio simulant i krivotvoritelj, ne bolesni opsednuti! Ipak, kao što je poznato, granice između neuroze i simulacije su varljive. Ne vidim više nikakvu teškoću da se prihvati da je slikar taj papir, kao i onaj kasniji, napisao i poneo sa sobom u naročitom stanju, uporedivom s njegovim vizijama. On nije ni mogao da učini ništa drugo ako je hteo da sprovede svoju fantaziju o paktu sa đavolom i oslobađanju od njega.

Dnevnik iz Beča, međutim, kojeg je prilikom svog drugog boravka u Mariacelu predao duhovnicima, nosi pečat verodostojnosti. On nam omogućava da dublje sagledamo motivaciju ili, recimo radije, iskorišćenje neuroze.

Beleške sežu od njegovog uspešnog isterivanja zloduha do 13. januara sledeće godine, 1678. Do 11. oktobra slikar se osećao dobro u Beču, gde je stanovao kod udate sestre, ali potom počinju nova stanja s vizijama i grčenjima, nesvesticama i bolnim senzacijama, koja će ga onda i naterati da se vrati, maja 1678. godine, u Mariacel.

Nova povest njegovih patnji deli se na tri faze. Kušanje se, najpre, zaodeva u lik nekog lepo obučenog kavaljera koji bi da ga nagovori da odbaci papir-potvrdu o njegovom prijemu u bratstvo svetog Rozenkranca.[41] Pošto se on odupire, ista pojava se ponavlja sledećeg dana, ali ovoga puta u jednoj izuzetno ukrašenoj odaji u kojoj otmena gospoda plešu s lepim gospama. Isti kavaljer, koji ga je već jednom kušao, iznosi mu predlog koji se tiče njegovog slikarstva[42] i u razmenu za to obećava mu pozamašni novčani iznos. Pošto je molitvom uspeo da ta vizija nestane,

102

ona se nekoliko dana kasnije ponavlja u još intenzivnijem obliku. Ovoga puta, kavaljer mu šalje jednu od najlepših žena koje su sedele za svečanim stolom da bi ga dovela u društvo, i imao je muka da se odbrani od zavodnice. Ali, ubrzo zatim je usledila najstrašnija vizija neke još veličanstvenije odaje u kojoj se *„uzdizao zlatni presto“*. Kavaljeri su stajali okolo i čekali dolazak svog kralja. Isto lice, koje se već tako često trudilo oko njega, prišlo mu je i tražilo od njega da se uspne na presto; oni su *„hteli da ga postave za kralja i večno da mu se klanjaju“*. S tim preterivanjem njegove fantazije okončava se prva, veoma prozirna faza povesti kušanja.

Sada je moralo da dođe do reakcije. Asketska reakcija podiže glavu. Javlja mu se, 20. oktobra, blistava svetlost iz koje čuje glas koji prepoznaje kao Hristov i traži od njega da se odrekne tog zlog sveta i tokom šest godina služi Boga u nekoj pustinji. Slikar očito više pati pod pritiskom svetih pojava nego pod ranijim, demonskim. Iz tog napada probudio se tek posle dva i po časa. U idućem, ono sveto lice okruženo blistavom svetlošću bilo je daleko neprijateljskije, preti mu jer nije prihvatio božanski predlog i vodi ga u pakao da bi ga zgrozio udesom osuđenih. No, stvar je očito ostala bez učinka, jer se pojavljivanja lica u blistavoj svetlosti, koje bi trebalo da je Hristos, ponavljaju još mnogo puta, svaki put sa sve dužim gubljenjem svesti i ekstazama za slikara. U najbasnoslovnijem od tih zanosa, lice u blistavom sjaju odvelo ga je, najpre, u neki grad, na čijim ulicama ljudi vrše svakojaka mračna dela, a zatim, radi kontrasta, na neku divnu livadu na kojoj su pustinjaci vodili svoj bogougodan život i bili obasipani opipljivim dokazima božje milosti i brige. Onda se na mesto Hrista pojavila Bogorodica lično koja ga je opominjala, pozivajući se na pomoć koju mu je ranije pružila, da se potčini naredbi njenog voljenog sina. *„Pošto se on nikako nije rešavao“*, sutradan je Hristos opet došao i navalio na njega pretnjama i obećanjima. Najzad, on ustuknu, odluči da se liši tog života i učini ono što se od njega iziskivalo. S tom odlukom završava se druga faza. Slikar konstatuje da, počev od tog doba, nije više imao pojava ili iskušenja.

Mora da ta odluka, međutim, nije bila dovoljno čvrsta ili je njeno sprovođenje u delo suviše odlagano, jer dok se, 26. decembra, on pobožno molio u crkvi Svetog Stefana – nije mogao da se odbrani od ideje da vidi golu devojku koja je šetala s nekim nagizdanim gospodinom i da bi on sam mogao da bude na mestu tog gospodina. Tražena kazna obrušiće se poput groma na njega još iste večeri: video se usred plamenih jezika i pada u nesvest. S mukom su ga probudili, ali on se odvalja u sobu dok mu je krv lila iz usta i nosa, osećajući se kao da je izložen jari i smradu, i slušajući kako mu neki glas kaže da mu je to stanje poslato kao kazna za njegove nekorisne i zaludne misli. Kasnije su ga bičevali zli dusi konopcima i obećano je da će mu tako biti svakodnevno, sve dok se ne odluči da stupi u red pustinjaka. Ti doživljaji se nastavljaju sve dokle sežu beleške (13. januar).

Vidimo kako se kod našeg jadnog slikara fantazije kušanja izmeću u askestske i, konačno, u fantazije kažnjavanja; kraj povesti njegovih patnji je već poznat. U maju se vraća u Mariacel, gde priča o nekom ranijem, crnim mastilom napisanom ugovoru, kojeg je on očito dopisao, i na osnovu kojeg ga đavo još može mučiti, uspeva da ga povrati i on ozdravljuje.

Tokom tog drugog boravka pravi slike, koje su kopirane u *Trophaeum*-u, ali tada čini nešto što se ne uklapa u zahteve asketske faze njegovog dnevnika. Ne odlazi, doduše, u pustinju da bi postao isposnik, ali stupa u red milosrdne braće: *religiosus factus est.*

Čitajući dnevnik, s nove strane razumemo ceo sklop. Sećamo se da se slikar u pisanom vidu obrekao đavolu, jer se, posle smrti oca, rastrojen i nesposoban za rad, brinuo kako da održi svoju egzistenciju. Ti momenti, depresija, sputanost za rad i žalost za ocem, nekako su međusobno povezani, jednostavno ili komplikovano. Možda su pojave đavola bile, stoga, tako neobične, opremljene sisama, jer je nečastivi trebalo da bude njegov otac-hranitelj.

Nada se nije ispunila, i dalje mu je išlo loše, nije mogao redovno da radi ili nije imao sreće i nije nalazio dovoljno posla. Pastorovo prateće pismo govori o njemu kao *„hunc miserum omni auxilio destitutum"*. Nije bio, dakle, samo u moralnim nevoljama, nego je patio i od materijalnih. U dočaravanju njegovih kasnijih vizija [u dnevniku] nalaze se rasejane napomene koje, kao i sadržina viđenih prizora, pokazuju da se u tome, čak i posle uspešnog prvog isterivanja, ništa nije promenilo. Upoznajemo čoveka kome ništa ne polazi za rukom, i kome se zbog toga ne poklanja nikakvo poverenje. U prvoj viziji pita ga kavaljer šta bi on zapravo započeo kad ga niko od njegovih ne prihvata (*„kako me je svako napustio, šta bih i započeo"*). Prvi niz vizija u Beču odgovara u potpunosti fantazijama želje siromašnoga, gladnog naslade, propaloga: gospodske odaje, raskošni život, srebrno stono posuđe i lepe žene; tu srećemo ono što je nedostajalo u odnosima sa đavolom. Dotle je postojala melanholija, koja ga je onesposobljavala za uživanje, lišavala ga najprimamljivijih ponuda. Posle isterivanja, melanholija je, izgleda, savladana, i sva pohlepa čoveka ovoga sveta iznova se probudila.

U jednoj od asketskih vizija, on se žali licu koje ga vodi (Hristos) da niko neće da mu veruje, što ga ometa da ispuni ono što mu je naloženo. Odgovor koji mu se na to uzvraća, ostaje nam, na žalost, nejasan (*„niko neće da mi veruje, ali dobro znam šta mi se dogodilo, mada mi je samom nemogućno da to iskažem"*). No, naročito je obasjavajuće ono što mu njegov božanski vodič omogućava da doživi kod pustinjaka. On dospeva u neku pećinu u kojoj već više od šezdeset godina sedi neki starac i na svoje pitanje doznaje da tog starca svakodnevno hrane božji anđeli. I onda on lično vide kako anđeo donosi starcu da jede: *„Tri čanka sa jelom, hleb i knedlu i piće."* Pošto se isposnik najeo, anđeo sve pokupi i odnese. Razumemo kakva su sve iskušenja izazvale ove pobožne vizije: one su htele da ga navedu da izabere oblik egzistencije koji bi ga lišio brige oko prehranjivanja. Pažnju zaslužuju i Hristove reči u poslednjoj viziji. Posle pretnje da će se, ako se ne povinu-

je, dogoditi nešto u šta će on i ljudi morati da poveruju, sli-
kar direktno navodi Hristovu opomenu: „*Ja ne bi trebalo
da obraćam pažnju na ljude, čak i ako bi me proganjali, ili
me ostavljali bez pomoći, Bog me ne bi napustio.*"
K. Hajcman bio je dovoljno umetnik i čovek od ovog
sveta da mu nije lako padalo da se odrekne tog grešnog
sveta. No, na koncu je to ipak učinio s obzirom na svoj
bespomoćni položaj. Stupio je u jedan duhovni red, čime
su bile okončane njegova unutrašnja borba, kao i njegove
materijalne nevolje. U njegovoj neurozi taj se ishod odra-
žava u tome da iskrsavanje nekog tobože prvog ugovora
odstranjuje napade i vizije. Zapravo su oba odsečka nje-
govog demonološkog oboljenja imala isti smisao. On je
uvek hteo jedino da obezbedi svoj život. Prvi put, uz đa-
volovu pomoć po cenu svog blaženstva, a kada se ovoga
odrekao i morao da ga napusti – uz pomoć sveštenog
stanja po cenu svoje slobode i mogućnosti većine naslada
u životu. Možda je Kr. Hajcman bio samo jadni đavo ko-
ji baš nije imao sreće, možda je bio odveć neumešan i ne-
darovit da bi se sam izdržavao, i ubrajao se među tipove
koji su poznati kao „večna dojenčad", nemoćna da se
odvoje od srećne situacije na majčinskim prsima i tokom
celog života zahtevaju da ih neko drugi hrani. I tako je on,
tokom ove istorije bolesti, prešao put nazad od oca preko
đavola kao zamene za oca do pobožnih otaca.
Površnom posmatranju njegova neuroza izgleda kao
opsenarska igra koja pokriva jednu stranu ozbiljne, ali ba-
nalne borbe za život. Sigurno da ta stvar ne stoji uvek ta-
ko, ali se i ne dešava tako retko. Analitičari su često u pri-
lici da iskuse kako nije nikakva povlastica uzeti u tretman
takvog trgovca koji „inače zdrav, od nekog vremena po-
kazuje znake neuroze". Poslovna katastrofa, čiju pretnju
oseća trgovac, kao usputnu posledicu ima tu neurozu ko-
ja mu takođe pruža povlasticu da iza njenih simptoma
može da prikrije svoje realne životne brige. No, ona je
inače u potpunosti nesvrsishodna, budući da iscrpljuje
snage koje bi bolje bilo iskoristiti za promišljeno osloba-
đanje iz opasnog položaja.

106

U mnogobrojnim slučajevima neuroza je samostalnija i nezavisnija od interesa održanja i očuvanja života. U konfliktu koji stvara neurozu nalaze se ili jedino libidni interesi u igri ili libidni u tesnoj unutrašnjoj vezi s takvim očuvanjem života. Dinamizam neuroze je u sva tri slučaja isti. Narasle libidne zalihe koje nisu uspele da se realno zadovolje, odlivaju se, pomoću regresije, kroz potisnuto nesvesno, prema starim fiksacijama. Dokle god Ja bolesnika može da, iz ovog procesa, izvlači neki dobitak za bolest, dotle ono dozvoljava da neuroza postoji, pri čemu ipak nikakve sumnje nema u njenu ekonomsku štetnost.

I žalosna životna situacija našeg slikara ne bi kod njega izazvala nikakvu đavolju neurozu, kad iz njegove nevolje ne bi izrasla pojačana čežnja za ocem. Ali, pošto su melanholija i đavo bili izagnani, kod slikara je došlo do borbe između libidnih životnih zadovoljstava i uvida da interes održanja života zahteva neodložno odricanje i askezu. Zanimljivo je da je slikar veoma dobro osećao objedinjenost obe strane povesti svoje patnje, jer ih, i jednu i drugu, vezuje za ugovore koje je potpisao đavolu. S druge strane, on ne pravi oštru razliku između uticaja i božanskih sila. Za oba ima istu oznaku: pojave đavola.

---

[1] Ovaj tekst Frojd je napisao poslednjih meseci 1922. godine, a prvi put objavio u časopisu *Imago* (Bd. 9/1, str. 1–34), sledeće godine. Poznato je da je Frojd o demonološkoj problematici razmišljao i pre ovog rada. Kod njega se to interesovanje, verovatno, probudilo još za vreme studija u bolnici Salpetriere u Parizu, kod Šarkoa, koji se mnogo bavio istorijatom neuroza. U prvoj zbirci Šarkoovih predavanja, koje je Frojd preveo na nemački, nalazi se, tako, i opis jednog slučaja opsednutosti u 16. veku, a i druga zbirka, koju će Frojd takođe prevesti, sadrži jednu diskusiju o histeričkom karakteru srednjovekovne takozvane demonomanije. Pišući o Šarkou, kao svom učitelju, Frojd osobito upozorava na tu stranu učiteljevih istraživanja. Zna se i za dva pisma, s početka 1897. godine, upućena prijatelju Vilhelmu Flisu, u kojima se raspravlja o vešticama i njihovom odnosu prema đavolu. U oba pisma možemo da otkrijemo tvrdnje da je đavo zapravo svojevrsna figura oca, pri čemu se naglašavaju analni elementi u srednjovekovnom verovanju u veštice. Otuda se ti pogledi sreću

i u Frojdovom radu *Karakter i analna erotika,* iz 1908. godine. Sledeće godine je Hugo Heler podneo referat, u Bečkom psiho-analitičkom udruženju, o *Istoriji đavola,* posle kojega je Frojd govorio o psihološkom sklopu verovanja u đavola, po svemu su-deći u smeru kojeg otkrivamo u III odeljku ovoga teksta.

Svoje pretresanje „demonološkog" slučaja iz XVII stoleća, o kojem je u tekstu reč, Frojd je zasnovao nesumnjivo jedino na rukopisu što mu ga je predočio dr Pajer-Turn (Payer-Thurn) u okolnostima koje se i navode u samom radu. Faksimil tog rukopi-sa *Trophaeum Mariano-Cellense* pojavio se, zajedno sa reproduk-cijama u boji devet priloženih slikarevih crteža, u okviru studije Makalpina i Hantera (I. Macalpine, R. A. Hunter): *Schizophre-nia 1677,* objavljene u Londonu 1956. godine.

Zasad su mi poznata samo dva rada u kojima se opširnije kritički raspravlja o datom Frojdovom tekstu. I u oba se navodi istorijska građa, za koju Frojd nije znao, a koja omogućava da se rekonstruišu neki oštećeni delovi primarnog rukopisa. To su radovi G. Vandendriša (Vandendriessche: *The Parapraxis in the Haizmann Case of Sigmund Freud,* Louvain–Paris 1965) i M. de Sertoa (Certeau: *Ce que Freud fait de l'Histoire,* Paris, 1971).

Engleski prevod Frojdovog teksta se pojavio 1925. godine, u kojem su dve fusnote bile dopunjene, pri čemu Frojd izražava žaljenje što su one bile ispuštene iz nemačke verzije.

Te dopune se, na engleskom jeziku, pojavljuju i na odgova-rajućem mestu u fusnotama našeg prevoda. – *Prim. prev.*

[2] Čuveno mesto hodočašćenja, nekih 140 km jugozapadno od Beča. – *Prim. prev.*

[3] Pajer-Turnova rasprava pojavila se godinu dana posle Froj-dove. – *Prim. prev.*

[4] Frojd slikarevo ime piše Christoph Haitzmann, mada u pri-marnom rukopisu stoji Haizmann. – *Prim. prev.*

[5] Slikareva starost nigde nije data. No, iz konteksta se može naslutiti da čovek ima između 30 i 40 godina, verovatno bliže donjoj granici. Umro je, kao što ćemo čuti, 1700. godine.

[6] Misli se na pastora iz Potenbruna. – *Prim prev.*

[7] Ovde je samo označena mogućnost da je bolesniku postav-ljeno pitanje dalo ideju, „sugerisalo" fantaziju o njegovom pak-tu sa đavolom.

[8] quorum et finis 24 mensis hujus futurus appropinquat („... čiji se kraj bliži 24. ovog meseca". To se odnosi na septembar; početkom tog meseca bilo je napisano prateće pismo. – *Prim. prev.*

[9] U prevodu: „Ti jadni, svake pomoći lišeni ljudi." – *Prim. prev.*

108

[10] Monasi iz manastira Svetog Lamberta starali su se oko milosrdnog prihvatilišta. – *Prim. prev.*

[11] Ovako stoji u primarnom rukopisu. Vandendriše je ukazao da je Frojd greškom naveo „12."! – *Prim. prev.*

[12] Ovo govori u prilog tome da je 1714. godina i datum sastavljanja *Trophaeum*-a.

[13] U prevodu: „... videh kako mu pruža papir". Videti i sledeću napomenu. – *Prim. prev.*

[14] „... [poenitens] ipsumque Daemonem ad Aram Sac. Cellae per fenestrellam in cornu Epistolae, Schedam sibi porriggentem conspexisset, eo advolans e Religiosorum manibus, qui eum tenebant, ipsam Schedam ad manum obtinuit..." „... [pokajnik] vide đavola lično kod svetog oltara u ćeliji kroz prozorčić sa epistolarne strane kako mu pruža papir; on se izmače iz ruku otaca što ga držahu, krete tamo i dohvati taj papir..." – *Prim. prev.*

[15] U prevodu: „Pojave zloduhá". No, u rukopisu stoji: „de... maligni Spiritus infestatione", tj. „uznemiravanjima od strane zloduha". – *Prim. prev.*

[16] Taj je bio ispostavljen septembra 1668. godine, a 9,5 godina kasnije, maja 1678, njegov rok je već davno istekao.

[17] U prevodu: „kada mu je ovaj, saglasno molitvi, bio vraćen". – *Prim. prev.*

[18] Stih iz Geteovog *Fausta*. – *Prim. prev.*

[19] Videti u *Faustu*, I deo, u kabinetu. (Zapravo u 4. sceni – *Prim. prev.*)

[20] Priređivači studijskog izdanja Frojdovog dela smatraju da je u ilustraciji uz originalni rukopis očit nagovštaj da to kušanje ima seksualno značenje. – *Prim. prev.*

[21] U prevodu: „... kada je on zbog daljeg razvoja svoje umetnosti i svojih budućih prihoda počeo da očajava..." – *Prim. prev.*

[22] U prevodu: „... pošto je on zbog smrti svoga oca bio nešto pokunjen..." Reč *parens*, ako drukčije nije precizirano, obično znači muškog roditelja. – *Prim. prev.*

[23] Slika 1 i legenda uz nju, na naslovnoj stranici, đavo u liku „uvaženog građanina".

[24] U izvorniku, na francuskom: „podrazumevan". – *Prim. prev.*

[25] Mi ćemo i sami, kasnije, kada odvagamo kada i zbog čega su ti ugovori bili sastavljeni, uvideti da je njihov tekst morao da glasi što razumljivije. No, dovoljno nam je da on čuva u sebi i jednu dvoznačnost za koju se možemo vezati u našem tumačenju.

[26] Kod Getea, iz takvog se crnog psa nedri sam đavo.

[27] Videti *Totem i tabu* (1912–13), a potanje kod T. Rajka. [Frojd misli na Rajkov rad, Th. Reik: *Probleme der Religionspsyhologie* – *Problemi religiozne psihologije* – objavljen 1919. godine. – *Prim. prev.*]

[28] Videti T. Rajk: *Sopstveni i tuđi bog* [Der eigene und der fremde Gott], u poglavlju: „Bog i Đavo" [Gott und Teufel], 1923 [u časopisu *Imago*, III]; *quoting Ernest Jones*, 1912.

[29] Kao zločinac pojavljuje se otac-vuk i u poznatoj bajci o sedam jarića. [Ta bajka igra značajnu ulogu u istoriji bolesti tzv. Čoveka s vukovima, slučaj kojeg je pod tim naslovom obradio Frojd. – *Prim. prev.*]

[30] Ako tako retko, u našim analizama, uspevamo da otkrijemo đavola kao zamenu za oca, to bi moglo da ukaže da je ta figura iz srednjevekovne mitologije već duže prestala da igra svoju ulogu kod osoba koje se podvrgavaju našoj analizi. Verovanje u đavola među pobožnim hrišćanima ranijih stoleća nije bila manja obaveza nego što je to bilo verovanje u Boga. Đavo je bio potreban, u stvari, da bi se mogla utemeljiti potreba za Bogom. Opadanje vere zahvatilo je, onda, iz različitih razloga, najpre i pre svega ličnost đavola.

Ako bi se usudilo da se ideja đavola kao zamene za oca sagleda kulturnoistorijski, onda bi se i srednjovekovni procesi vešticama mogli videti u novom svetlu – *as has already been shown by Ernest Jones in his chapter on witches in his book on the nightmare* (1912) [u prevodu: „kao što je već pokazao Ernest Džons u poglavlju o vešticama svoje knjige o košmaru". – *Prim.prev.*].

[31] Ovo mesto, kao i sledeći pasus, može se uporediti sa odgovarajućim izvođenjima u Frojdovom radu „Žalost i melanholija" *(Trauer und Melancholie)*, objavljenom prvi put 1917. godine. – *Prim. prev.*

[32] U prevodu: „da mu se po pisanom ugovoru preda za devet godina". – *Prim. prev.*

[33] U prevodu: „... čiji se kraj bliži 24. ovog meseca". – *Prim. prev.*

[34] Kasnije ćemo se pozabaviti protivrečnošću da oba povraćena ugovora pokazuju isti datum, godinu 1669.

[35] Frojd zapravo piše: „zwei Paar", iako se na ilustraciji vidi samo *jedan par*. – *Prim. prev.*

[36] Uporedi *Jedna uspomena iz detinjstva Leonarda da Vinčija*. (Reč je o Frojdovom radu iz 1910. godine. – *Prim. prev.*)

[37] D. P. Šreber, *Uspomene jednog nervnog bolesnika* [D. P. Schreber: *Denkwurdigen eines Nervenkranken*], Lajpcig, 1903. Uporedi moju analizu slučaja Šreber. [Taj Frojdov rad ima na-

110

slov *Psihoanalitičke napomene o jednom autobiografski opisanom slučaju paranoje – Psychoanalitische Bemerkungen über einen autobiographisch beschriebenen Fall von Paranoia*, a potiče iz 1911. godine. – *Prim. prev.*]

[38] U originalnom rukopisu: „..., in globum convolutam et in quator partes dilaceratam..." – *Prim. prev.*

[39] U prevodu: „Ovde je uzeta druga (kasnija) godina umesto one koja još nije istekla, kao što se to često [*saepius*] događa u razgovoru; jer u (oba ugovora) je data ista godina; pri čemu onaj mastilom napisani (ugovor) nije još bio povraćen pre ovde datog atesta." – *Prim. prev.*

[40] Čini mi se da se kompilator našao stešnjen između dve fiksne tačke. S jedne strane, u pastorovom pratećem pismu, kao i u opatovom atestu, našao je podatak da je ugovor (barem prvi) bio ispostavljen 1668. godine, a – s druge – oba u arhivu sačuvana ugovora pokazivala su 1669. godinu. Pošto je pred sobom imao dva ugovora, za njega je nebitno bilo da su oba bila zaključena. Ako je u opatovom svedočanstvu bilo reči samo o jednom, kako verujem, onda je kompilator morao u to svedočanstvo da unese i drugi i da, tako, prihvatanjem antidatiranja, ukloni protivrečnost. Podešavanje kojeg se on poduhvatio u tekstu sasvim je blizu umetanju kojeg je jedino on mogao da učini. Bio je prisiljen da rečima *sequenti vero anno 1669* poveže podešavanje i umetanje, jer je slikar u (veoma oštećenoj) legendi uz naslovnu sliku izričito napisao

> *Posle godinu dana on je bio*
> .... *strašne pretnje u –*
> .... *lik br. 2, bio prinuđen,*
> .... *krvlju da potpiše.*

Slikarev „krivopis", dok je pripremao *Syngraphae*, i koji me je prinudio na ovaj pokušaj objašnjenja, ne izgleda mi manje zanimljiv od samih njegovih ugovornih tekstova.

[41] Religiozni red u koji se on učlanio prilikom svog dolaska u Beč. – *Prim. prev.*

[42] To mesto mi je nerazumljivo.

OPORICANJE
[Die Verneinung[1]]

Način na koji naši pacijenti iznose, za vreme analitič-
kog rada, ono što im pada na pamet, pruža nam priliku za
nekoliko zanimljivih opažanja. „Pomislićete sada da hoću
da vređam, ali doista mi to nije namera.“ Mi razumemo
da je to odbacivanje onoga što je, zahvaljujući projekciji,
upravo, izranjajući, palo na pamet. Ili; „Pitate koja to oso-
ba može biti što mi je došla u san. Moja majka nije.“ Mi
ispravljamo: dakle, to je njegova majka. Dozvoljavamo
sebi slobodu da u tumačenju zanemarimo oporicanje i iz-
dvojimo čistu sadržinu onoga što mu je palo na pamet.
Stvar stoji tako kao da je pacijent rekao: „Kad je reč o toj
osobi, pada mi, doduše, majka na pamet, ali nikako ne že-
lim da pretegne ta pomisao.“[2]
Zgodnom prilikom, mogućno je veoma lako pribaviti
traženo objašnjenje o onome što je nesvesno potisnuto.
Pitamo: šta Vi smatrate, pak, za najmanje verovatno od
svega u toj situaciji? Šta Vam je, razmislite, u tom trenu
bilo najdalje od pameti? Pacijent pada u klopku i imenu-
je ono u šta najmanje može da veruje, pa time skoro uvek
priznaje šta je posredi. Divno suprotstavljanje tom poku-
šaju pojavljuje se često kod opsesivnog neurotičara koji je
već naučio da razume svoje simptome. „Opsela me je no-
va predstava. Odmah sam pritom pomislio da bi ona mo-
gla da znači to što je određeno. Ali ne, to nikako ne može
da bude istina, inače mi to ne bi ni moglo pasti na pamet.“
Prirodno, ono što on odbacuje, nalazeći potkrepu u svom
shvatanju lečenja, baš je pravi smisao njegove nove opse-
sivne predstave.
Potisnuta sadržina misli i predstave može, dakle, da
prodre do svesti, pod uslovom da je tu sadržinu mogućno

112

poreći. Oporicanje je način da se ono što je potisnuto pri-
mi k znanju; zapravo je to već ukidanje potiskivanja, ali,
svakako, ne i, prihvatanje potisnutog. Ovde je vidljivo ka-
ko se intelektualna funkcija deli od afektivnog procesa.
Pomoću oporicanja osujećena je samo jedna od posledica
procesa potiskivanja, ona čija predstavna sadržina ne do-
speva do svesti. Iz toga proistиče svojevrsno intelektualno
prihvatanje potisnutog, pri čemu suštinsko i dalje ostaje
potisnuto.[3] Tokom analitičkog rada često postižemo druk-
čiji, veoma važan i prilično začuđujući preobražaj iste si-
tuacije. Uspeva nam da savladamo i oporicanje i postig-
nemo potpuno intelektualno prihvatanje potisnutog, čime
još nije ukinut sam proces potiskivanja.

Pošto je zadatak intelektualne funkcije rasuđivanja da
potvrdi ili porekne sadržinu misli, prethodne napomene
su nas dovele do psihološkog poreka te funkcije. Oporeći
nešto rasuđivanjem, u osnovi znači: to je nešto što bih naj-
radije želeo da potisnem. Prosuđivanje je intelektualna
zamena za potiskivanje; *Ne* koje kaže prosuđivanje jeste
fabrički žig potiskivanja, potvrda o poreklu, otprilike po-
put onog „made in Germany". Posredstvom simbola opo-
ricanja, mišljenje se oslobađa ograničenja koja mu name-
će potiskivanje i obogaćuje sadržinama bez kojih se ono
ne može odvijati.

Funkcija rasuđivanja ima, u bitnome, da donese dve
odluke. Na njoj je da nekoj stvari pripiše ili otpiše odre-
đeno svojstvo, kao i da nekoj predstavi prizna ili ospori
egzistenciju u stvarnosti. Svojstvo, o kojem treba da od-
luči, moglo bi biti, izvorno gledajući, dobro ili loše, kori-
sno ili štetno. Rečeno jezikom najstarijih, oralnih nagon-
skih kretnji: hoću li ovo da pojedem ili ispljunem – a u
prenesenom obliku: hoću li ovo da unesem u sebe ili
isključim iz sebe? Treba li to, dakle, da bude u meni ili iz-
van mene? Izvorno Ja-zadovoljstvo teži da – kao što sam
o tome govorio na drugom mestu – sve što je dobro intro-
jektuje u sebe, a sve loše izbaci iz sebe. Loše, tuđe tome
Ja, ono što je izvan, najpre je identično s njim.[4]

Druga odluka te funkcije rasuđivanja, ona koja se tiče stvarne egzistencije neke predstavljene stvari, u interesu je konačnog Stvarnog-Ja koje se razvija iz početnog Ja-zadovoljstva. (To je proba na stvarnost.) Sada se više ne radi o tome da li ono što je opaženo (stvar) treba ili ne treba da bude prihvaćeno u Ja, nego da li ono što je Ja prisutno kao predstava može da bude opet pronađeno i u opažanju (stvarnosti). Kao što se vidi, ponovo je pred nama pitanje *spoljašnjeg i unutrašnjeg*. Nestvarno, ono naprosto predstavljeno, subjektivno, jeste samo unutra; drugo, stvarno, prisutno je i u *spoljašnjem*. U ovom izlaganju nismo se osvrtali na načelo zadovoljstva. Iskustvo nas je naučilo da nije važno samo da li neka stvar (objekt zadovoljstva) poseduje „dobro" svojstvo, da zaslužuje, dakle, prihvatanje u Ja, nego i da li je ima u spoljašnjem svetu, tako da je se, po potrebi, možemo domoći. Da bismo razumeli ovaj napredak moramo podsetiti da sve predstave potiču iz opažanja i ponavljaju ih. Dakle, izvorno već, egzistencija predstave je jamstvo za stvarnost predstavljenog. Od početka nema suprotstavljanja subjektivnog i objektivnog. Do njega dolazi tek time što je mišljenje sposobno da, reprodukovanjem u predstavi, nešto što je jednom opaženo iznova učini prisutnim, dok objektu, koji je izvan, nije više potrebno da bude prisutan. Prvi i neposredni cilj probe na stvarnost nije, dakle, nalaženje objekta u stvarnom opažanju koji bi odgovarao predstavljenom objektu, nego da se on *ponovo nađe,* da se osvedočimo u to da je još prisutan.[5] Dalji doprinos u međusobnom otuđivanju subjektivnog i objektivnog potiče od jedne druge sposobnosti moći mišljenja. Reprodukovanje opažanja u predstavi nije uvek verno ponavljanje; ono može biti modifikovano ispuštanjima, izmenjeno stapanjem različitih elemenata. Zadatak je, onda, probe na stvarnost da kontroliše koliko daleko sežu ta pomeranja. Ali, u uslovu izvođenja probe na stvarnost počiva saznanje da su izgubljeni objekti koji su negda donosili stvarno zadovoljavanje.

Rasuđivanje je intelektualna aktivnost koja odlučuje o izboru motoričke akcije, okončava oklevanje mišljenja i prelazi s misli na delo. I o oklevanju mišljenja raspravljao sam već na drugom mestu.[6] Ono se može smatrati probnom akcijom, motoričkim ispipavanjem uz neznatne utroške. Prisetimo se: gde je Ja ranije upražnjavalo takvo ispipavanje, na kojem je mestu naučilo tehniku koju sada primenjuje u misaonim procesima? To se dešavalo, prilikom čulnih opažanja, na senzornim završecima psihičkog aparata. Po nama, opažanje nikako nije neki čisto naivni proces, nego Ja periodično, u malim količinama, zaposeda opažajni sistem, i posredstvom takvih ispada isprobava spoljašnje nadražaje da bi se, potom, iznova povukao.[7]

Izučavanje rasuđivanja nam možda po prvi put otvara uvid u nastanak jedne intelektualne funkcije iz igre primarnih nagonskih kretnji. Rasuđivanje je produžavanje svrsishodnog razvitka uključivanja – koje je izvorno rezultiralo iz načela zadovoljstva – u Ja ili izgona iz Ja. Njegova polarizacija izgleda da odgovara suprotstavljenosti dveju pretpostavljenih grupa nagona. Potvrđivanje – kao zamena za sjedinjavanje – pripada Erosu, a oporicanje – kao posledica izgona – pripada nagonu za razaranjem. Opšte zadovoljstvo oporicanja, negativni stav mnogih psihotičara, verovatno valja razumeti kao obeležje razdvajanja nagona do kojeg dolazi povlačenjem libidnih komponenti. No, ispunjenje funkcije rasuđivanja omogućeno je tek kada je stvaranje simbola poricanja dozvolilo mišljenju prvi stepen nezavisnosti od uspeha potiskivanja i, time, takođe od prinude načela zadovoljstva.

Sa izloženim shvatanjem oporicanja veoma dobro se uklapa „Ne" koje bi poticalo iz nesvesnog, kao i da se priznavanje nesvesnog od strane Ja izražava u negativnoj formuli. Nema jačeg dokaza za uspelo otkrivanje nesvesnog nego kada analizovani zauzvrat reaguje rečenicom: *„Nisam to mislio"* – ili: *„Na to (nikada) nisam pomislio"*.

---

[1] Po Ernestu Džonsu, ovaj kratak i važan tekst za psihologiju nesvesnog napisan je jula 1925. godine, kada se i pojavio u časopisu *Imago*. Dve godine pre toga, prilikom ponovnog objavljivanja svoga rada o istoriji bolesti znamenitog slučaja „Dora" Frojd dodaje fusnotu iz koje se vidi da se on već tada bavi

temom *Verneinung*-a. Mada je tema metapsihološka, njena obrada u ovom izuzetno gusto sročenom tekstu zahvata i pitanje analitičke tehnike. I oba aspekta imaju svoju dugu predistoriju u Frojdovim istraživanjima.

Veliku poteškoću predstavlja prevod ključne reči teksta, kojom je on i naslovljen: *Verneinung*. U nemačkom jeziku ta reč označava *negaciju* u logičkom i gramatičkom smislu, ali i *denegaciju* u psihološkom smislu. Nemački jezik nema oblike, na primer, *neinen* ili *beneinen*, pomoću kojih bi se ti smislovi mogli razlučiti.Otuda u terminu *Verneinung*, kao i u samom Frojdovom mišljenju, ostaje dvosmislenost između negacije i denegacije. No, iz teksta će biti očiglednije da ambivalencija jednom svojom stranom preteže ka psihološkom smislu. Zato sam, imajući u vidu nemogućnosti našeg jezika, mogao prilikom rada na prevodu da napravim mali značenjski spektar: *negacija* za logički smisao i donekle gramatički, *poricanje* za gramatički i donekle psihološki, a *oporicanje* za psihološki (kada se odbija neko tvrđenje koje nam se pripisuje). Rekao bih da je *oporicanje*, za Frojda, oblik negiranja koji svojim iskazivanjem afirmiše ono što se poriče. Iz teksta se može videti da neko negira svesno što njegovo nesvesno afirmiše, to jest on *oporiče* ono što nikada glasno nije rekao, pa mu to čak niko glasno nije pripisao, ali što se duboko u njemu, u nesvesnom, tvrdi kao takvo. – *Prim. prev.*

[2] Frojd je na to upozorio, između ostalog, već i u svojoj analizi „čoveka s pacovima", objavljenoj 1909. godine. – *Prim. prir.*

[3] Isti proces počiva u osnovi dobro poznatog procesa „prizivanja": „Baš je lepo što već dugo nisam imao glavobolju!" No, to je već prvi nagoveštaj napada čije se primicanje predoseća, ali u koji se ne želi još da poveruje.

[4] Up. uz ovo izvođenje u *Nagoni i sudbina nagona*. [Taj Frojdov rad je objavljen 1915. godine. – *Prim. prir.*]

[5] Ovaj uvid je već nagovešten u Frojdovom *Tumačenju snova*, iz 1900. godine. – *Prim. prir.*

[6] Ovo značajno mesto pretresao je Frojd u mnogim svojim radovima, kao što su *Ja i Ono* (1923) i *Nacrt psihoanalize*, napisanom 1938. godine. – *Prim. prir.*

[7] Misao koju je Frojd ovde izložio, formulisao je on već u studiji *S one strane načela zadovoljstva* (1920). Međutim, u *Zapisku o „čudesnoj beležnici"*, nastalom iste godine kada i *Oporicanje*, 1925, Frojd nagoveštava drukčiji stav: nije više Ja, već *nesvesno* ono koje preko opažajno-svesnog sistema ispituje spoljašnji svet. – *Prim. prir.*

116

HUMOR
[Der Humor[1]]

U spisu *Vic i njegov odnos s nesvesnim* (1905) raspravljao sam o humoru zapravo samo sa ekonomskog stanovišta. Hteo sam da nađem odakle izvire zadovoljstvo u humoru, i mislim da sam pokazao da zadovoljstvo što nam ga humor poklanja potiče iz prišteđenog utroška osećanja. Humorni proces može se odvijati na dva načina: ili u jednoj osobi koja samu sebe obuhvata humornim stavom, dok drugoj pripada uloga posmatrača i uživaoca, ili između dve osobe, od kojih jedna nema nikakvog udela u humornom procesu, ali tu osobu druga uzima za objekt svog humornog razmatranja. Kada, poslužimo li se najgrubljim primerom, delinkvent, doveden u robijašnicu u ponedeljak, izjavi: „E, pa nedelja je dobro započela" – tada on sam humorizuje, humorni proces se ispunjava na njegovoj osobi i očito mu donosi izvesnu prijatnost. Ja sam, kao nepristrasni slušalac, taknut samo donekle daljnjim učinkom zločinčevog humornog ostvarenja; možda slično, poput njega, osećam humorno zadovoljstvo.

Drugi slučaj je pred nama kada, na primer, neki pesnik ili pripovedač na humoran način opisuje ponašanje realnih ili izmišljenih osoba. Te osobe ne treba čak ni da pokazuju humor; humorni stav je jedino stvar onoga koji ih uzima za objekt, a čitalac ili slušalac uživa opet u humoru, kao i u prethodnom slučaju. Rezimirajući, možemo dakle reći da humorni stav – u čemu bi se on uvek i sastojao – može biti uperen protiv sopstvene ili protiv tuđe ličnosti. Valja prihvatiti da on pričinjava zadovoljstvo onome koji ga praktikuje. Slično zadovoljstvo pripada i – nepristrasnom – slušaocu.

Genezu humornog zadovoljstva najbolje ćemo shvatiti ako razmotrimo proces koji se odigrava u slušaocu pred kojim neko drugi razvija humor. Toga drugog on vidi u situaciji iz koje može očekivati da će on proizvesti znak nekog afekta; on će se srediti, jadikovati, izražavati bol, strahovaće, užasavaće se, možda čak i očajavati, a posmatrač-slušalac je spreman da ga u tome sledi, da dozvoli da se i u njemu rode ista uzbuđenja. No, ta spremnost za uzbuđivanje biva razočarana, jer drugi ne ispoljava nikakav afekat, nego pravi šalu; zbog prišteđenog utroška osećanja rađa se sad u slušaocu humorno zadovoljstvo.

Dotle se ide lako, ali i odmah se kaže da je proces u drugome, u „humoristi", koji zaslužuje veću pažnju. Suština humora se, nesumnjivo, sastoji u tome da se prišteđuju afekti kojima je povod davala situacija, a da se nekom šalom iskoračuje iznad mogućnosti takvih ispoljavanja osećanja. Utoliko proces u humoristi mora da bude usaglašen sa onim u slušaocu, tačnije rečeno: proces u slušaocu mora da kopira onaj u humoristi. Ali, kako humorista uspostavlja onaj psihički stav koji mu čini suvišnim afektno pražnjenje, šta je dinamičko u „humornom stavu"? Očevidno je da rešenje problema valja tražiti u humoristi; a pretpostaviti da u slušaocu postoji samo odjek, kopija tog nepoznatog procesa.

Vreme je da se bliže upoznamo s nekoliko tipova humora. Humor nema samo nešto oslobađajuće poput vica i komike, nego i nešto veličanstveno i uzvišeno, crte kakve se ne nalaze u ostale dve vrste sticanja zadovoljstva putem intelektualne aktivnosti. Veličanstveno očigledno počiva u trijumfu narcisizma, pobedonosno osvojenoj nepovredivosti Ja. Ja odbija da oboli zbog prilika u realnosti, da bude prinuđeno da pati; ono nastoji, pri tome, da mu traume spoljašnjeg sveta ne uspeju da naude, čak se pokazuje da su mu one jedino povodi za zadovoljstvo.[2] Ova poslednja crta je apsolutno bitna za humor. Uzmimo da je zločinac, u ponedeljak poveden na pogubljenje, rekao: „Svejedno mi je šta će biti ako čova kao što sam ja bude obešen, svet zbog toga neće prestati da se okreće." Tada bismo morali da priznamo da ta izjava sadrži, doduše, veličanstvenu nadmoć nad realnom situacijom, da je mudra i opravdana, ali ipak nije na tragu humora, štaviše da počiva na onom procenjivanju realnosti koje se direktno suprotstavlja slučaju humora. Humor nije rezigniran; on je prkosan, ne znači samo trijumf Ja, nego i trijumf načela zadovoljstva koje ume da se tu ukotvi uprkos nemilosrdnosti realnih odnosa.

Tim dvema poslednjim crtama, odbijanje nadležnosti realnosti i sprovođenje načela zadovoljstva, humor se približava regresivnim ili reakcionarnim procesima koji su nas tako mnogo zanimali u psihopatologiji. Kao odbrana od mogućnosti patnje, on se uvrštava u veliki niz onih metoda, koje je izgradio ljudski psihički život da bi se izvukao ispod prinude patnje, niz koji započinje neurozom, dostiže vrhunac u ludilu, a u kojem su i pijanstvo, samouronjavanje, ekstaza. Toj sprezi zahvaljuje humor dostojanstvo koje, na primer, u potpunosti nedostaje vicu, jer on služi ili jedino zadovoljstvu ili zadovoljstvo stavlja u službu agresije. U čemu se onda sastoji humorni stav, kojim se odbija patnja, naglašava realnim svetom nenadmašivost Ja, pobedonosno ukotvljuje načelo zadovoljstva, i isve to a da se, ne pribegavajući drugim postupcima u istu svhu, ipak ne napusti tlo duševnog zdravlja? Da jedno i drugo bude istovremeno, izgleda ipak nemoguće.

Ako se okrenemo prema situaciji da se neko postavlja prema drugima humorno, tada smo blizu shvatanju, koje sam ja već i u knjizi o vicu, oklevajući, nagovestio, naime on se prema njima ophodi kao odrasli prema deci, pri čemu interese i patnje, koje njima izgledaju ogromne, prepoznaje u njihovoj ništavnosti i smeje im se. Humorist crpi, dakle, svoju nadmoć otuda što se predaje ulozi odrasloga, donekle očinskoj identifikaciji, a druge snižava u decu. Ova hipoteza svakako pokriva stanje stvari, ali se pomalja jedva, s mukom. Pitamo se kako dolazi do toga da humorista prihvata tu ulogu.

No, prisetimo se druge, verovatno izvornije i značajnije situacije humora kada neko humorni stav obrće pre-

119

ma sopstvenoj ličnosti da bi se tako odbranio od mogućnosti patnje. Ima li smisla reći da se neko ophodi sa sobom kao s detetom i prema tom detetu istovremeno igra ulogu nadmoćnog odraslog?

Smatram da ovoj malo uverljivoj predstavi pružamo snažnu podršku ako u razmatranje uvedemo ono što smo naučili iz patoloških iskustava o strukturi našeg Ja. To Ja nije nešto jednostavno, nego sadrži kao svoje jezgro jednu posebnu instanciju, nad-Ja, s kojim se ponekad prožima tako da ih je teško razlučiti, dok se u drugim okolnostima deli od njega oštro. Nad-Ja je genetsko nasleđe roditeljske instancije, i drži Ja često u strogoj zavisnosti, s njima se ophodi doista još uvek onako kako su se nekada, u ranim godinama, roditelji – ili otac – ophodili prema detetu. Tako stižemo do dinamičkog objašnjenja humornog stava, pretpostavimo li da se sastoji u tome da je ličnost humoriste psihički akcent svukla sa svoga Ja i stavila ga na svoje nad-Ja. Tom ponesenom nad-Ja sad može Ja izgledati jako malo, svi njegovi interesi ništavni, a u toj raspodeli energije za nad-Ja biva lako da potisne mogućnosti reagovanja Ja.[3]

Verni našem uobičajenom načinu izražavanja, umesto premeštanja psihičkog akcenta kazaćemo: pomeranje velikih količina investiranja. Onda ćemo se zapitati da li smo u pravu da sebi predstavljamo tako znatna pomeranja s jedne instancije psihičkog aparata na neku drugu. To izgleda kao nova, *ad hoc* načinjena hipoteza, no prisetimo se da smo mnogo puta, mada ne i dovoljno često, u našim pokušajima metapsihološkog predstavljanja psihičkog događanja računali s takvim faktorom. Prihvatili smo, na primer, da je razlika između običnog erotskog investiranja objekta i stanja zaljubljenosti u tome da u poslednjem slučaju nesrazmerno više investiranja prelazi na objekt, Ja se takoreći ispražnjava prema objektu. Prilikom istraživanja nekoliko slučajeva paranoje, mogao sam da utvrdim da se ideje o proganjanju obrazuju rano i postoje dugo bez ispoljavanja primetnog dejstva, sve dotle dok u određenoj prilici ne budu snabdevene veličinama investiranja koje ih,

konačno, učine dominantnim.⁴ I lečenje takvih paranoič-
nih slučajeva trebalo bi da se sastoji manje u razlaganju i
korekturi ludih ideja a više u izvlačenju investiranja koje
im je dodeljeno. Smenjivanje melanholije i manije, suro-
vog potiskivanja Ja koje vrši nad-Ja i oslobađanje Ja od ta-
kvog pritiska, izgleda nam da se duguje takvoj preinaci in-
vestiranja, kojom se, uostalom , možemo poslužiti za
objašnjavanje čitavog niza pojava u normalnom psihič-
kom životu.⁵ Ako smo to dosad činili u maloj meri, onda
je razlog tome u našoj, hvale vrednoj suzdržanosti. Polje
na kojem se osećamo sigurno jeste patologija psihičkog ži-
vota; na tom polju vršimo posmatranja iz kojih proističu
naša uverenja. O normalnom donosimo privremene sudo-
ve u meri u kojoj ga naslućujemo u izolacijama i izopačen-
jima bolesnoga. Kad jednom budemo prevazišli tu boja-
zan, spoznaćemo kakva velika uloga, u razumevanju
psihičkih procesa, pripada kako statičkim odnosima tako i
dinamičkoj razmeni u kvantitetu investiranja energije.
   Smatram, dakle, da ovde predložena mogućnost, po
kojoj je ličnost u određenom položaju iznenada investira-
na svojim nad-Ja, pa otuda preinačuje reakcije Ja, zaslu-
žuje da bude zadržana. Ono što pretpostavljam da važi za
humor, značajnu analogiju nalazi i u srodnom području
vica. Kad sam već morao da prihvatim da vic nastaje za-
to što je u izvesnom trenutku neka predsvesna misao pre-
puštena nesvesno obradi, onda je vic, po tome, ono što ne-
svesno doprinosi komici. Sasvim slično tome *humor je
doprinos komici posredstvom nad-Ja.*
   Nad-Ja, uostalom, poznajemo kao strogog gospodara.
Kazaćemo da njegovom karakteru slabo odgovara dava-
nje saglasnosti koja bi omogućila Ja da dobije neko malo
zadovoljstvo. Tačno je da humorno zadovoljstvo nikada
ne dostiže intenzitet zadovoljstva u komičkome ili u vicu,
nikada ne izaziva smeh od sveg srca. Istinito je i da nad-
-Ja, ako i dovodi do humornog stava, zapravo otklanja re-
alnost i služi se iluzijom. No, tom zadovoljstvu malog in-
tenziteta pripisujemo – a da i ne znamo zašto – izuzetnu
vrednost, osećajući ga kao naročito oslobađajuće i uzvi-

121

šujuće. Šala, od koje je sačinjen humor, nije čak ni nešto suštinsko; ona ima samo vrednost probe. Glavna stvar je usmerenost humora: da li se izvodi na sopstvenoj ili tuđoj ličnosti. Humor želi da kaže: pogledaj'der, eto sveta koji se pričinjava tako opasnim – on je samo dečja igra, i zaslužuje jedino da se s njime našali!

Ako je, stvarno, nad-Ja ono što tako milo i utešno s humorom govori užasnutome Ja, onda nas to opominje da još toliko toga imamo da naučimo o suštini nad-Ja. Uostalom, nisu svi ljudi podjednako kadri da prihvate humorni stav. On je redak i dragocen dar, a mnogima nedostaje čak i sposobnost da uživaju u humornom zadovoljstvu koje im se posreduje. I ako, konačno, nad-Ja pomoću humora pokušava da uteši Ja i zaštiti ga od patnji, time ono ne protivreči svome poreklu iz roditeljske instancije.

[1] Ovaj tekst nastao je tokom avgusta 1927. godine, kada je i objavljen, najpre u jednome almanahu, a zatim, sledeće godine, u časopisu *Imago*. Iste godine kada je napisan, umesto Frojda, pročitala ga je njegova ćerka Ana na 10. Međunarodnom kongresu psihoanalitičara u Insbruku.

U ovome tekstu, Frojd se, posle predaha od dvadeset godina, ponovo vraća jednoj od tema sa čijim je pretresanjem započeo u radu *Vic i njegov odnos s nesvesnim* (preveden je u izdanju Matice srpske, s naslovom *Dosetka i njen odnos prema nesvesnom*), zapravo u njegovim zaključnim odeljcima. Tema je sada razmotrena u svetlu onoga što je Frojd u međuvremenu otkrio, naime sa stanovišta nove predstave o strukturi ljudske duše. S metapsihološkog gledišta, ovde se u Frojdovom delu po prvi put dobronamernije govori o nad-Ja. – *Prim. prev.*

[2] O metodama izbegavanja patnje Frojd će opširno raspravljati, tri godine kasnije, u radu *Nelagodnost u kulturi* (1930). No, već u radu o vicu je ukazano na odbrambenu funkciju humora. – *Prim. prev.*

[3] Sa ovim se dodiruje i jedno mesto usred VIII poglavlja studije *Masovna psihologija i Ja-analiza* (1921). – *Prim. prev.*

[4] Ovde Frojd možda aludira na odeljak B u članku „O nekoliko neurotskih mehanizama kod ljubomore, paranoje i homoseksualnosti“. – *Prim. prev.*

5 Ovo smenjivanje se prikazuje u Frojdovom tekstu „Žalost i melanholija“ (1917). – *Prim. prev.*

OD PREVODIOCA

Redosled Frojdovih tekstova u ovome izboru je po utvrđenim datumima njihovih nastajanja. Izborom su rukovodile sklonosti. Razume se, izbor je trebalo da bude bogatiji.

Napomene ispod tekstova, ukoliko nisu obeležene prevodiočevim siglom, potiču od samog autora, osim onoga što je u njima i tekstovima u uglastim zagradama. Objašnjenja se duguju raznoj priručnoj literaturi, te priređivačima i izdavačima Frojdovih dela, pretežno onima koji su pripremili *Studienausgabe* (S. Fischer Verlag, Frankfurt am Main).

J. A.

SADRŽAJ